FVA

Hans Christoph Buch

TUNNEL ÜBER DER SPREE

Traumpfade der Literatur

FRANKFURTER VERLAGSANSTALT

13 IV 19

für Joachim Unseld

INHALT

WER LACHT HIER, HAT GELACHT?
Eine Reminiszenz

Das schallende Gelächter von Walter Höllerer
das wiehernde Gelächter von Hubert Fichte
das bärbeißige Lächeln von Uwe Johnson
die meckernde Lache von Peter Rühmkorf
der grimmige Humor von Peter Weiss
das verschlagene Grinsen von Hermann Piwitt
die Lachkaskaden des Hans Magnus Enzensberger
im Rohr krepierende Lachsalven von Günter Grass
das homerische Gelächter von Johannes Bobrowski
das prustende Gelächter von Günter Kunert
das lautlose Lachen von Friedrich Christian Delius
das ansteckende Lachen von Peter Schneider
das bellende Gelächter von Fritz J. Raddatz
Klaus Wagenbachs gackerndes Gelächter
das grollende Gelächter von Erich Fried
das selbstzufriedene Lächeln von Siegfried Unseld
das fauchende Lachen von H. M. Ledig-Rowohlt
die grundlose Heiterkeit des Peter O. Chotjewitz
die stille Heiterkeit von Renate Höllerer
das heisere Lachen von Nicolas Born
Heiner Müller der pausenlos Witze erzählt
über die Jochen Schädlich nicht lachen kann
das Mona-Lisa-Lächeln der Gisela Elsner
Ingeborg Bachmann der das Lachen im Hals stecken

bleibt auf- und abschwellendes Lachen der Gruppe 47
das aus der geschlossenen Tür des Plenarsaals dringt
dumpf dröhnendes Gelächter auf dem Podium Allen
Ginsberg und Gregory Corso lachen um die Wette
sekundiert von Robert Creeley und Ted Joans ein
Lachkanon in den Artmann nicht einstimmt auch Ernst
Jandl bleibt ernst ersticktes Lachen am Caféhaustisch
lautes Gelächter in der Bar Kichern am kalten Büfett
Lachen im Turmzimmer Gelächter auf dem Bootssteg
des Colloquiums wo Michel Butor eine Angel auswirft
während Alain Robbe-Grillet sich das Lachen verbeißt

I. WESTOSTBERLIN

Blues für Sarah

Als ich Sarah Haffner im Herbst 1963 erstmals begegnete, war sie dreiundzwanzig, und ich war neunzehn.
Die Gruppe 47 tagte im Hotel zur Post in Saulgau, und
Sarah war in Begleitung ihres Vaters Sebastian Haffner dort. Ich las eine Erzählung vor über eine archäologische Ausgrabung, die buchstäblich im Sande ver-
läuft, und die Reaktionen waren gemischt: Walter
Jens raufte sich die Haare vor Entsetzen, Reich-Ranicki legte seine Stirn in bedenkliche Falten und Ernst
Bloch wollte mich mit eisernem Besen auskehren und
in den Mülleimer der Geschichte werfen, während Höllerer, Grass und Enzensberger meinen Text lobten. Ich
hatte meine Hinrichtung überlebt und war informell
aufgenommen in die deutsche Gegenwartsliteratur, deren Koryphäen ich auf einen Schlag kennenlernte: von
Hans Werner Richter, dem Herbergsvater der Gruppe,
über Uwe Johnson und Peter Weiss, beide eher schweig-
sam, bis zu Erich Fried und Johannes Bobrowski. Die
Tagung endete mit einem Besäufnis, und während
Grass und Enzensberger sich über die Einschätzung
der SPD stritten, tanzte ich mit Sarah Haffner, nach
mir die jüngste Teilnehmerin des Treffens. Damals
rauchten viele Schriftsteller Pfeife, und in meiner von
Tabakschwaden vernebelten Erinnerung kühlte ich

meine heiße Stirn an einem Aquarium, in dem Aale schwammen als Hommage an die *Blechtrommel* von Günter Grass.

Wir tauschten unsere Anschriften aus, und bald darauf sah ich Sarah Haffner wieder, deren Adresse und Telefonnummer sich fünfzig Jahre lang nicht veränderten: Uhlandstraße 168, Hinterhaus, zweiter Stock, mit Blick auf einen je nachdem kahlen, knospenden oder blühenden Kastanienbaum – Miniermotten gab es noch nicht. Das Wohnzimmer war Treffpunkt der ästhetisch-politischen Diaspora, die sich nach dem Mauerbau in Westberlin versammelte, eine Nachauflage der klassischen Bohème: Hubert Fichte und Peter Bichsel, Hermann Peter Piwitt und Nicolas Born fanden sich bei Sarah Haffner ein, ebenso wie Günter Grass, den auf ihrem Atelierfest ein Maler ins Bein biss, der Lyriker Peter Rühmkorf, Neal Ascherson vom *Observer*, der *ZEIT*-Journalist Kai Hermann und die *Spiegel*-Reporterin Marie-Luise Scherer, damals noch *Berliner Morgenpost*. Sarah servierte Tee, eine Sitte, die sie aus England mitgebracht hatte, und wir sprachen über Politik, Literatur und Kunst, in dieser Reihenfolge, hörten Platten und tauschten uns über unseren Liebeskummer aus. In meiner Erinnerung war Sarah stets unglücklich verliebt – ich war es auch, so dass es an Gesprächsstoff nie mangelte. Ihr bevorzugter Autor war Christopher Isherwood, dessen Berlin-Trilogie sie immer wieder las, ihre Lieblingsmusiker Bach und die Beatles, und über dem Plattenspieler hing das Gemälde eines Plattenspielers, über dem Bücherregal das Bild eines Bücherregals mit sorgfältig gemalten Buchrücken und neben dem Fenster zum Hof das großformatige Gemälde eines Fensters zum Hof mit einer Schachtel *Gitanes* auf der Fensterbank – ein Fingerzeig darauf, dass das Bild nicht in Berlin, sondern in Paris entstanden war.

Damit bin ich bei Sarah Haffners Kunstschaffen angelangt, das in einem halben Jahrhundert markante Entwicklungsstadien durchlief, Quantitätsschübe und Qualitätssprünge, obwohl sie sich im Kern ihrer Persönlichkeit wenig veränderte. Schon auf frühen Bildern aus der Studentenzeit, als sie dem Zeitgeist der fünfziger Jahre huldigte, tauchen ihre Lieblingsfarben auf, allen voran das typische Sarah-Haffner-Blau, changierend zwischen Ultramarin und Türkis, das auf Schwimmbadkacheln ebenso zu sehen ist wie auf Lavendelfeldern in der Provence. Gelb blühender Raps, rollende Hügel, schnurgerade Alleen mit kahlen Bäumen, nackte Hausfassaden, triste Hinterhöfe, Nieselregen oder Schneetreiben, Betten oder Sofas mit Liegenden, die aussehen, als habe eine jähe Depression ihnen den Teppich unter den Füßen weggezogen, und einfühlsame Porträts, auf denen die Gesichtszüge der Künstlerin, ihres Sohnes und ihres Bruders wiederkehren: So besehen verbirgt sich hinter fast allem, was Sarah Haffner schreibt, zeichnet oder malt, ein melancholisches Selbstporträt. Aber ich habe mich allzu weit ins verminte Gelände der Kunstkritik vorgewagt.

Im Herbst 1979 besuchte ich zusammen mit Sarah Haffner Armenien, damals noch eine Sowjetrepublik, über die wir nicht viel mehr wussten als Schmunzel-

witze von *Radio Eriwan*: »Im Prinzip ja, aber ...« Mit von
der Partie war ein evangelischer Friedensfreund, den
wir den Entspannungspfarrer nannten, denn statt in
der UdSSR verbotener Bibeln hatte er Strumpfhosen
im Gepäck, um seine Moskauer Geliebte bei der Stange
zu halten – hier passt die dumme Redensart. Der Pfar-
rer ließ durchblicken, dass er nicht an Gott, sondern an
den Sozialismus glaubte, und regte sich auf, als ich ins
Gästebuch eines armenischen Klosters »Ihr seid das
Salz der Erde« schrieb: Das Bibelzitat sei eine Provokation für unsere atheistischen Gastgeber, meinte der
Gottesmann. Damals verlor ich den letzten Respekt
für selbsternannte Friedenskämpfer, die mit Diktatu-
ren kungelten und nichts einzuwenden hatten gegen
Unterdrückung und Zensur – aber ich muss mir die
Polemik verkneifen.

Bei der Ankunft am Flughafen von Eriwan erwartete
uns eine Dichterin, die wie der griechische Weinbrand
Metaxa hieß und erotische Gedichte schrieb, in denen
sie Männern im Sexrausch die Knöpfe vom Hemd biss.
Als Kind hatte sie Stalin einen Blumenstrauß überreicht und erzählte, der Diktator habe gut ausgese-
hen – abgesehen von den Pockennarben in seinem Gesicht, die auf Fotos wegretuschiert wurden –; selbst der
Schnauzbart des Generalissimus unterlag der Zensur.
Höhepunkt unserer Reise war ein Besuch in der Moskauer Wohnung des Dichters, Sängers und Romanciers
Bulat Okudschawa, der aus Georgien stammte und
von Kritikern diffamiert wurde mit dem Argument,
als Nichtrusse habe er kein Recht, Bücher über rus-

sische Geschichte zu schreiben. Über seinem Arbeitstisch hing kein Foto von Chruschtschow oder Breschnew, der damals noch im Kreml regierte, sondern ein Porträt von John F. Kennedy, und sein beredtes Schweigen strafte das Propagandagerede Lüge, mit dem man uns von morgens bis abends behelligte. Dazu gehörte ein Termin bei der Literaturzeitschrift des Komsomol, deren Arbeit nach offizieller Lesart auf drei Säulen ruhte: 1. Texte alter Meister; 2. Texte junger Autoren; 3. Kritik der alten Meister an den jungen Autoren. Wir hatten Mühe, uns das Lachen zu verbeißen. »Alles schön und gut«, meinte Sarah Haffner, »aber gibt es auch eine Rubrik, in der junge Autoren die alten Meister kritisieren?« Damit traf sie den Nagel auf den Kopf und hatte, ohne es zu wollen, einen Impuls benannt, der als Leitmotiv ihr Leben und Schaffen durchzog: das Aufbegehren gegen jede Art von falscher oder angemaßter Autorität.

Sarah hatte Haare auf den Zähnen, sie war widerborstig und ließ sich weder von Günter Grass noch von ihrem Vater, dem prominenten Publizisten, vorschreiben, was sie denken und sagen sollte. Ihr Verhältnis zu Sebastian Haffner war angespannt, weil er den in jungen Jahren gefassten Entschluss seiner Tochter, Künstlerin zu werden, missbilligte aus Sorge um ihren Lebensunterhalt. Dabei war sie durchaus geschäftstüchtig und hat ihre Bilder auf gut besuchten Vernissagen, die gesellschaftliche Ereignisse waren, nicht unter Wert verkauft. Sarah lebte von der Kunst, die sie studiert und später auch unterrichtet hat, und ihr antiautoritäres Engagement drückte sich aus in *Schrei, wenn du kannst*, einem Buch über misshandelte Frauen, die damals wie heute nicht nur in prekären Milieus, sondern auch in bürgerlichen Kreisen anzutreffen waren. Aus dem Text wurde eine TV-Dokumentation, und Sarah Haffner war Patin bei der Gründung des ersten Berliner Frauenhauses. In den achtziger Jahren knüpfte sie Kontakte zu oppositionellen Künstlern im Ostteil der Stadt, noch bevor die Prenzlauer-Berg-Szene Mode wurde, und anders als ihre linken Mitstreiter freute sie sich über den Fall der Mauer und die Wiedervereinigung.

Sarah Haffner malte, schrieb Bücher und trainierte in Fitnessstudios, bis sich erste Symptome einer unheilbaren Krankheit zeigten, der sie, ohne zu klagen, mutig widerstand, entsprechend ihrem früh geäußerten Verzicht auf Lebensverlängerung um jeden Preis.

Det is allet history!
Mosaikstein zu einem Biermann-Porträt

Es war ein heißer Tag im Sommer 1976, drei oder vier Monate vor der Ausbürgerung des Liedermachers Wolf Biermann durch das Politbüro der SED. In meiner Erinnerung könnte es Kubas Nationalfeiertag, der 26. Juli, gewesen sein: An diesem Tag im Sommer 1953 hatten Fidel Castros Partisanen – der Ausdruck ist irreführend, denn es handelte sich um Jugendliche und Studenten ohne militärisches Know-how – die Moncada-Kaserne in Santiago de Cuba gestürmt. Siebzig Angreifer kamen ums Leben, und Fidel Castro wurde auf der Isla de Pinos inhaftiert, wo er seine Berufung zum Revolutionär entdeckte. Oder es könnte der 31. August gewesen sein, als Tamara Bunke alias Tania la Guerrillera, die Kampfgefährtin Che Guevaras, beim Überschreiten des Rio Grande in einen Hinterhalt geriet und von bolivianischen Soldaten erschossen wurde.

Aber davon wusste ich nichts, während ich in der Chausseestraße 131 in Wolf Biermanns Wohnküche saß, zusammen mit seiner Mutter, wenn mich die Erinnerung nicht trügt. Schräg gegenüber lag die ständige Vertretung der BRD, vor deren videoüberwachtem Portal ein Volkspolizist auf und ab ging, und ein paar

Meter weiter parkte ein Wartburg-Kombi, dessen ausgefahrene Antenne die aus dem Küchenfenster dringenden Geräusche auffing. Wolf Biermann stimmte seine Gitarre und summte eine Melodie vor sich hin, die in ein Lied überging, dessen Gesang er immer wieder unterbrach, um den Text umzustellen, zu verbessern oder mit wirkungsvolleren Akkorden zu unterlegen. Der Vorgang konnte lange dauern, denn die Lieder hatten viele Strophen, und der Besucher kam kaum zu Wort, weil Biermann die Küche mit einem Konzertsaal verwechselte – auch umgekehrt ergibt der Vergleich einen Sinn. Er sang seine Stasi-Ballade:

Menschlich fühl ich mich verbunden
Mit den armen Stasi-Hunden
Die bei Schnee und Regengüssen
Mühsam auf mich achten müssen
Die ein Mikrophon einbauten
Um zu hören all die lauten
Lieder, Witze, leisen Flüche
Auf dem Klo und in der Küche
Brüder von der Sicherheit
ihr allein kennt all mein Leid.

Er war gerade beim Refrain angekommen »Die Stasi ist mein Eckermann«, als es klingelte. Vor der Tür stand ein Mann mittleren Alters, der wie ein Frührentner aussah und auch ohne Parteiabzeichen als SED-Funktionär zu erkennen war. Nur die verrutschte Krawatte und seine Alkoholfahne passten nicht ins Bild.

»Hallo Wolf«, sagte der ungebetene Besucher, »ick komme jerade von der Einweihung der Tamara-Bunke-Oberschule janz in der Nähe von dir und möchte wissen, wer diese Tamara Bunke und dieser – wie heißt er doch gleich – dieser Che Guevara, von dem neuerdings so viel jeredet wird, wer det eigentlich war. Ick hab den kubanischen Botschafter jefragt, aber der weiß och nischt Jenauet und sagte nur, det is allet history. So hat der sich ausgedrückt: ›Det is allet history.‹ Und da dachte ich mir, am besten jehste direkt inne Chausseestraße und fragst den Wolf Biermann, der kennt sich in sone Sachen aus!«

Wir waren sprachlos, denn Biermann lebte seit über zehn Jahren in einem unerklärten Krieg mit der alleinseligmachenden Partei, deren Funktionäre sich selten in seine Wohnung verirrten. Sie zogen es vor, ihn aus sicherer Entfernung mit Dreck zu bewerfen und von Zeit zu Zeit zum Verhör einzubestellen: »Die Arbeiterfaust zeigen« oder »andere Saiten aufziehen« hieß das im SED-Jargon. Handelte es sich um einen dreisten Ausspähungsversuch, um eine gezielte Provokation oder um den Alleingang eines Funktionärs, der bei der Einweihung der Tamara-Bunke-Schule zu viel Cuba Libre getrunken hatte? Oder – dafür sprach einiges – war es eine Kombination all dieser Motive? Noch dazu schien der Mann keine niedrige Charge zu sein: Er stellte sich als stellvertretender Bezirksbürgermeister vor, ließ sich schwer atmend am Küchentisch nieder und verlangte Bier – nach Tee stand ihm nicht der Sinn. Auf die Frage, woher er Wolf Biermann kenne, nuschelte er etwas vom

Pfingsttreffen der FDJ Mitte der fünziger Jahre, als die Welt noch in Ordnung war. Damals hätten die Schriftsteller noch keine Sperenzien gemacht.

»Wenn du es wirklich wissen willst«, sagte Wolf Biermann, »erkläre ich dir, was es mit Che Guevara auf sich hat.« Er brachte seine Gitarre in Stellung und stimmte das Che-Guevara-Lied an, genauer gesagt: die von ihm verfertigte Übersetzung von Carlos Pueblas Chanson: »Aqui se queda la clara / la entrañable transparencia / de tu querida presencia / comandante Che Guevara.« Zu Deutsch:

Uns bleibt, was gut war und klar war:
Dass man bei dir immer durchsah
Und Liebe, Hass, doch nie Furcht sah,
Kommandante Che Guevara

Und bist kein Bonze geworden
Kein hohes Tier, das nach Geld schielt
Und vom Schreibtisch aus den Held spielt
In feiner Kluft mit alten Orden

Uns bleibt, was gut war und klar war ...

»Siehst du«, sagte Biermann lächelnd, »Guevara war kein Sesselfurzer wie du, sondern ein Revolutionär!« Doch der ungebetene Gast ließ sich nicht aus der Ruhe bringen. »Det sachst du, Wolf, aber det sehen wir anders«, murmelte er und nippte angewidert am Tee, den Biermanns Mutter ihm einschenkte. An diesem Punkt mischte ich mich ins Gespräch und erklärte dem SED-Mann, Fidel Castro und Ernesto Che Guevara seien keine Kommunisten, sondern radikale Demokraten gewesen, die gegen das von den USA ausgehaltene Batista-Regime kämpften; Kubas KP habe den bewaffneten Aufstand nur halbherzig unterstützt. Diese nicht ganz schlüssige Argumentation entsprach meiner damaligen »undogmatischen« Position und wurde von vielen nicht moskauhörigen Linken geteilt. Der Funktionär gab sich einen Ruck und sah mich scharf an. Mein T-Shirt mit dem Aufdruck einer amerikanischen Universität hatte ihn misstrauisch gemacht, und er wollte wissen, ob ich aus Westberlin oder der BRD komme. »Aus Friedenau, wenn Sie es genau wissen wollen, aber zwischen der Bundesrepublik und Westberlin gibt es keinen großen Unterschied!«

»Det sagen Sie, aber det sehen wir anders«, brummte er, ohne seine Aussage zu begründen. Das war auch nicht nötig, denn die Partei, der er angehörte, hatte die Macht, genauer gesagt: die Definitionsmacht über die Sprache, und sie entschied ganz allein, welche Bedeutung Begriffen wie Demokratie und Diktatur, DDR und BRD, Kuba oder Westberlin zukam, und welche nicht. Vielleicht ist das der Grund, warum mir der ständig wiederholte Satz in Erinnerung geblieben ist, mit dem der SED-Mann, ohne sich auf eine Diskussion einzulassen, das Gespräch bestritt, bevor er sich, vom Teetrinken ernüchtert, wieder verzog: »Das sagen Sie, aber das sehen wir anders!«

Die Nachricht von Wolf Biermanns Ausbürgerung am 16. November 1976 erreichte mich in Norwegen, der letzten Station einer Lese- und Vortragsreise durch Skandinavien im Auftrag des Goethe-Instituts. Dort lief mir auf Flughäfen und in Bahnhöfen stets aufs Neue der französische Schriftsteller Claude Simon über den Weg, der vor Kaffeekränzchen seine später mit dem Nobelpreis prämierte Prosa las, während ich Tanzsäle und Turnhallen mit meinen Darbietungen füllte: eine Frage der Sprachbarriere, nicht der literarischen Qualität. Jedes Mal, wenn eine Blondine im Pelzmantel am Steuer eines Mercedes vorfuhr, stieß mich Claude Simon mit dem Ellbogen in die Seite und sagte: »Die ist für dich – mich holt niemand hier ab!«

Ich weiß nicht, ob der lange Arm der DDR-Staatssicherheit bis nach Oslo reichte, aber nicht nur das norwegische Publikum, dem man es hätte nachsehen können, auch die Mitarbeiter des Goethe-Instituts schienen über die Ausbürgerung Biermanns nicht allzu empört zu sein, und ihr Protest gegen Erich Honeckers absolutistische Willkür klang äußerst gedämpft. Nur Claude Simon schlug andere Töne an: »Diesen Leuten ist alles zuzutrauen«, sagte der große Romancier, der im Spanischen Bürgerkrieg und im Zweiten Weltkrieg gekämpft hatte, dies aber, anders als Jean-Paul Sartre, der sich damals drückte, nie an die große Glocke hing. Als Sartre ihn mit dem Totschlagargument kritisierte, ein verhungertes Kind in Biafra wiege schwerer als ein Roman von Claude Simon, konterte er mit dem Satz:

»Seit wann werden Babyleichen und Bücher auf der gleichen Waage gewogen?«

»Denen ist alles zuzutrauen«, sagte der Maestro des *nouveau roman* und sah mich mit seinen an Picasso erinnernden, übergroßen Augen an: »Denen ist alles zuzutrauen, sie schrecken vor nichts zurück!« Und er trug mir Grüße an Wolf Biermann auf, die ich hiermit ausrichte.

Literatur ist eine Frage des Charakters
Brief an Peter Schneider

Lieber Peter!

Bewusst begegnet bin ich Dir zum ersten Mal im Sommer 1964 im Literarischen Colloquium, das gerade erst ein neues Domizil am Wannsee bezogen hatte. Wir saßen in Liegestühlen auf der zum Seeufer abfallenden Wiese, und Du machtest scharfsinnige Bemerkungen zu zwei kurz zuvor erschienenen Texten von mir und trafst jedes Mal den Nagel auf den Kopf. In einer Rezension über Robert Walsers Erstlingsroman *Jakob von Gunten* hatte ich geschrieben, für eine gelungene Formulierung von Robert Walser gäbe ich ganze Bibliotheken der Gegenwartsliteratur her, und Du erklärtest diese Behauptung für überspannt und unsinnig, unabhängig von der Qualität des in Frage stehenden Buchs. Gleichzeitig lobtest Du eine in einer österreichischen Zeitschrift erschienene Kurzgeschichte von mir, die von Zwillingsbrüdern handelte, deren einer, angespornt und gleichzeitig gestört von seinem Bruder, Selbstmord zu begehen versucht – dass Du Dich für Zwillingsforschung interessierst, wusste ich damals noch nicht.

Was mich beeindruckte und darüber hinaus neugierig machte, war die Sicherheit Deines literarischen

Urteils, das nichts Apodiktisches an sich hatte, im Gegenteil: Es bereitete Dir sichtliches Vergnügen, die Denkschritte darzulegen, die Dich zu bestimmten Schlussfolgerungen führten. Schreiben war für Dich eine sportliche Betätigung wie Pingpong, Skilaufen oder Tennis – psychische und physische Gymnastik zugleich. Daran hat sich bis heute nichts geändert: Anders als viele Deiner Generationsgenossen hast Du Deine körperliche und geistige Frische bewahrt, und die Lust, die Du beim Formulieren Deiner Gedanken empfindest, teilt sich den Lesern Deiner Romane, Erzählungen und Essays mit. Dabei war und ist lautes Denken in der deutschsprachigen Literatur eher die Ausnahme als die Regel – Lessing und Schiller werden in diesem Zusammenhang gern genannt – und muss weder Verzicht auf Sinnlichkeit bedeuten noch Hang zu philosophischer Abstraktion.

Wenn ich Dein Denkvermögen lobe, so meine ich damit eher logischen Scharfsinn als dialektisches *L'art pour l'art*, weshalb die 1968er Linke wenig Freude an Dir hatte, denn statt unwiderruflicher Dogmen predigtest Du den radikalen Zweifel an liebgewordenen Überzeugungen, auch wenn diese beglaubigt waren durch damals nicht hinterfragbare Autoritäten wie Mao oder Marx. Dein radikalster Text, die auf den Langen Marsch bezugnehmende *Rede an die deutschen Leser und ihre Schriftsteller*, trieb Dich *nicht* in die Arme der damals wie Pilze aus dem Boden schießenden maoistischen Sekten, sondern hat Dich gegen deren Anspruch, die revolutionäre Avantgarde zu sein, auf

Dauer immun gemacht. Und Deine zum Kultbuch avancierte Novelle *Lenz* stellte ebenso einen Abgesang auf die Studentenbewegung dar, deren Verfallssymptome sie thematisierte, wie eine Rechtfertigung des ursprünglichen Impulses der Revolte, den Du gegen dogmatische Besserwisser verteidigt hast, weil Dir die Infragestellung von Autoritäten gerade im deutschen Kontext wichtig war. Der Text der Novelle ist häufig mit Büchners *Lenz* verglichen worden, mit dem er, bei Licht betrachtet, nur wenig gemein hat; ein Vergleich mit den *Leiden des jungen Werther* wäre aufschlussreicher, sowohl was Dein Italienbild wie auch was die Utopie des erotischen Begehrens betrifft, das den Rahmen der politisch-sozialen Revolte sprengt: »Wie froh bin ich, dass ich weg bin!« Der oft überlesene Eingangssatz von Goethes *Werther* hätte Deinem *Lenz* als Motto voranstehen können.

Hättest Du rechtzeitig Copyrightschutz beantragt, lieber Peter, wärst Du heute mehrfacher Millionär, denn der nach 1989 inflationär gebrauchte Slogan von der »Mauer im Kopf« tauchte zum ersten Mal in Deiner Erzählung *Mauerspringer* auf. Das 1984 erschienene Buch hatte prophetischen Charakter: Noch vor Martin Walser, dessen patriotische Denkanstöße eher Gefühlsaufwallungen waren, warst Du der Erste, der den Abriss der Mauer forderte, nicht mit nationalistischem Schaum vorm Mund, sondern mit logisch stringenten Argumenten. Berlin vor und nach dem Mauerfall – dieses Dir wohlvertraute Terrain hast Du in den Romanen *Paarungen* und *Eduards Heimkehr* erneut abgeschritten.

Zusammen mit Deinen zeitgleich entstandenen Essays stellte die Berlin-Trilogie einen Höhepunkt Deines Schaffens dar und löste die Forderung der Feuilletons nach dem großen Roman zur deutschen Wiedervereinigung glaubhaft ein: als Chronik der Hoffnungen und Enttäuschungen, Irrtümer und Illusionen der Wendezeit.

Hier ist nicht der Ort, Dein Gesamtwerk vorzustellen, dessen Facettenreichtum sich der einengenden Festlegung auf Literatur oder Politik entzieht: von Deinem Drama über die Eroberung Mexikos bis zu lakonisch verknappten Kurzgeschichten, in denen Du private Abgründe ausgelotet hast; und vom mit Charlton Heston in der Titelrolle verfilmten Mengele-Buch *Vati* bis zum Bericht über den jüdischen Musiker Konrad Lattek, der in Berlin versteckt die NS-Zeit überlebte. Ich weiß noch, wie der »Held« dieser Geschichte im Publikum der Berliner Festspiele saß, während wir mit Gerhard Schröder über Dein Buch diskutierten oder vielmehr nicht diskutierten, weil der Bundeskanzler den Text gar nicht oder nur oberflächlich gelesen hatte.

Zum Schluss noch ein Wort in eigener Sache. Vermutlich bist Du es leid, lieber Peter, von einer Art jüngerem Bruder verfolgt zu werden, den Redakteure und Kritiker gelegentlich mit Dir verwechseln, denn mit Deinen vielen Geschwistern bist Du schon gesegnet und gestraft genug. Ich weiß nicht, ob Du die Rolle selbst angestrebt hast oder ob sie Dir von der Umwelt zudiktiert wurde: Aber für Autoren meiner Generation warst Du der Vordenker der Studentenrevolte, der

eloquenter als andere deren Anliegen vertrat, und hast
»avant la lettre« den kulturrevolutionären Aufbruch
von 1968 legitimiert. Auch wenn Dir manches, was Du
damals geäußert hast, im Nachhinein fragwürdig er-
scheint, brauchst Du nichts zu bereuen oder zu wider-
rufen, weil Du weder mit Terroristen sympathisiertest
noch stalinistischen Parteien auf den Leim gingst.
In der hysterisierten Atmosphäre des »deutschen«
Herbsts 1977 gehörte Mut dazu, der Verschwörungs-
theorie zu widersprechen, wonach »der Staat« Ulrike
Meinhof, Andreas Baader und Gudrun Ensslin ermor-
det habe. In diesem Sinne war und ist auf Deine Stellungnahmen Verlass, weil sie auf Qualitäten beruhen,
die Seltenheitswert haben im öffentlichen Diskurs der
BRD: Spontaneität, Neugier und Unerschrockenheit –
ein Denkansatz, der auch dann nicht veraltet, wenn
die daraus abgeleiteten Schlussfolgerungen revisions-
bedürftig sind.

PS
Beim Wiederlesen dieser Zeilen fällt mir auf, wie verzweifelt unpersönlich sie klingen. Weder ist von der
Lähmung die Rede, die das rhythmische Klappern
Deiner Schreibmaschine im Nebenzimmer hervorrief,
während Du in unserer Moabiter Gemeinschaftswoh-
nung den Text *Wir haben Fehler gemacht* tipptest, eine
Agitationsrede, deren Grundstruktur: »Wir dachten,
die Dinge seien soundso, doch in Wahrheit waren sie
ganz anders« in vielen Deiner Essays wiederkehrt. Auch
von der gemeinsamen Chinareise oder von unseren Es-

kapaden in Hongkong und Bangkok ist hier nicht die Rede, ganz zu schweigen von unseren Abenteuern in Venedig, Madrid und Montreal, wo ich an Deiner Stelle interviewt wurde. Das lag nicht allein daran, dass ich schlecht höre: Als drittes von vier Geschwistern habe ich mich an meinem älteren Bruder orientiert, der für mich die Stelle des Vaters vertrat, und ohne diesen Fixpunkt kommt die Gesellschaft mir vaterlos vor. Damit ist weder der große Bruder aus Orwells Roman *1984* gemeint noch der Präsidentendarsteller im Weißen Haus, sondern jemand, dessen »auffälligste Eigenschaft ist / im Plural zu leben und zu denken«, wie Du nach dem Attentat auf Rudi Dutschke schriebst: »Beim Croquet sagt er zum Beispiel / Schnauze halten, wenn er am Schlag ist / und einer, um ihn durcheinanderzubringen / dazwischenredet. Er muss das sagen / weil er sich tatsächlich stören lässt / Er ist unglücklich, wenn er einen Namen / auch einen beiläufigen, vergessen hat / Da er großes Vertrauen zu den Menschen hat / hat er Selbstvertrauen, auch umgekehrt.« Damit, lieber Peter, hast Du nicht nur Rudi Dutschke, sondern auch Dich selbst charakterisiert. Mach weiter so, denn Literatur ist nicht nur eine Frage des Talents, sondern auch des Charakters! In alter Freundschaft – Dein *H. C.*

Wird's bald besser?

Klaus Schlesinger zum Beispiel

Als ich Klaus Schlesinger Mitte der siebziger Jahre kennenlernte – das genaue Datum ist aus den Stasi-Akten ersichtlich, denn er wurde rund um die Uhr observiert –, lebte er in einem Hochhaus an der Leipziger Straße: aus westlicher Sicht eher bescheiden, für einen DDR-Bürger jedoch äußerst privilegiert. Unser konspirativer Kaffeekranz, bei dem Günter Grass, Nicolas Born, Reinhard Lettau, Günter Kunert, Hans Joachim Schädlich und Sarah Kirsch sich aus in Arbeit befindlichen Manuskripten vorlasen, fand in Schlesingers Wohnung statt; auf der Straße vor dem Haus parkte ein Kleinbus, dessen Insassen das Kommen und Gehen der Dichter observierten, ohne zu verstehen, was diese miteinander besprachen. In meiner Erinnerung war dies das letzte einer Serie informeller Treffen in Ostberlin, die die Stasi misstrauisch überwachte. Als nach der Wende die Akten geöffnet wurden, stellte sich heraus, dass sie bis zuletzt im Dunkel getappt hatte über Sinn und Zweck der privaten Zusammenkünfte, weil es ihr nicht gelungen war, einen Spitzel in den hochkarätigen Gesprächskreis einzuschleusen. Rückblickend von der fünfzehn Jahre später erfolgten Wiedervereinigung, will es mir scheinen, als hätten die

33

Kontakte einem ersten, vorsichtigen Kennenlernen ost- und westdeutscher Literaten gedient.

Der Rest der Geschichte ist bekannt. Weniger bekannt sind die Umstände von Schlesingers Übersiedlung nach Westberlin, die *keine* Ausbürgerung war: Auf eigenen Wunsch durfte er seinen DDR-Pass behalten und – ein Privileg, das zu Gerüchten Anlass gab – auch nach Ostberlin zurückkehren. Kurz vor der Ausreise begegnete er in der Leipziger Straße Erich Honecker, der gerade seine im gleichen Haus wohnende Tochter besuchte. Als die Aufzugtür aufglitt, stand Schlesinger Auge in Auge mit dem Parteivorsitzenden, der nach kurzem Zögern, flankiert von zwei Leibwächtern, den Lift betrat. Beide kannten sich von früher, und Honecker war über Schlesingers Ausreiseantrag informiert. Er blickte verlegen an die Decke, und um das Schweigen zu brechen, stellte Klaus Schlesinger ihm eine Frage, die nur aus drei Worten bestand: »Wird's bald besser?« Honeckers Antwort war genauso knapp und klingt in ihrer kaustischen Kürze wie eine Übersetzung aus dem Russischen: »Andere sind zufrieden.«

Nach der Ankunft in Westberlin beteiligte Schlesinger sich an sozialen Protesten in der Bundesrepublik. Zu Besuch im Wendland, wo er vorübergehend bei mir wohnte, fuhr er in das von Demonstranten errichtete Hüttendorf auf dem Bauplatz für ein geplantes Endlager bei Gorleben, um mit den Atomgegnern zu diskutieren. Im Garten meines Hauses machte er Schießübungen mit der Luftpistole auf eine am Scheunentor angebrachte Zielscheibe, was meinen Nachbarn verdächtig vorkam. Sie alarmierten die Polizei, die beim Anblick des Autos mit Ostberliner Kennzeichen glaubte, endlich den Beweis für die Fernsteuerung der Anti-Atom-Bewegung durch Stasi-Agenten gefunden zu haben. Später tauchte Klaus Schlesinger in die Westberliner Hausbesetzer-Szene ein, der er sich – trotz des Altersunterschieds – mit Haut und Haaren verschrieb, als wolle er nachholen, was die DDR ihm vorenthalten hatte: eine spontane Jugendrevolte, wie sie 1968 die Bundesrepublik erschütterte. 1980 zog er in ein mit Brettern verbarrikadiertes Abbruchhaus auf der Potsdamer Straße, das allen Räumungsversuchen widerstand; später wurde die Besetzung legalisiert und das Kellerlokal im K.O.B. – so hieß das besetzte Gebäude im Szenejargon – erhielt eine Lizenz zum Bierausschank. Schlesingers Erfahrungen schlugen sich literarisch nieder in seinem Buch *Matulla & Busch*, das schon in der Figurenkonstellation an den als Protest-Opa belächelten Schriftsteller erinnert. Ein Rentner aus dem Ruhrgebiet erbt ein Mietshaus in Westberlin und muss an Ort und Stelle feststellen, dass es von Besetzern okkupiert worden ist. Statt die Polizei zu rufen, solidarisiert er sich mit den Hausbesetzern, wobei der Rentner sich in eine Studentin verliebt: Eros und Anarchie, Sex und Politik gingen in der Literatur wie im Leben eine unauflösliche Verbindung ein. Das Buch wurde von der *taz* vorabgedruckt und später verfilmt; dass das vom ZDF bestellte Drehbuch zuerst abgelehnt und dann mit Verspätung realisiert wurde, bestärkte Schlesinger in der Überzeugung, zwischen Ost- und Westdeutschland gäbe es keinen prinzipiellen Unterschied: Auch in der DDR habe der Weg durch die Zensur Jahre gedauert.

Im Mai 1984 reiste ich zusammen mit Klaus Schlesinger nach Nicaragua. Die Flugkosten zahlten wir selbst, aber in Managua waren wir Gäste der sandinistischen Regierung, deren Kulturminister Ernesto Cardenal Schriftsteller aus aller Welt einlud, sich ein Bild zu machen vom Überlebenskampf der von den USA bedrängten Revolution. Das Flugzeug war belegt mit Handwerkern aus Baden-Württemberg, die von Kuba verlangten, ihr Übergepäck – Nägel, Werkzeug und Baumaterial – gratis zu befördern. Nach Mitternacht landeten wir in Havanna und schliefen im Transitraum, dessen Verlassen verboten war; selbst ein Gang zur Toilette war nur unter Bewachung erlaubt.

Bei der Ankunft in Managua fühlte Klaus Schlesinger sich an die DDR erinnert, die Nicaraguas Behörden Amtshilfe leistete: Die Prozedur der Pass- und Zollkontrolle ähnelte den Einreiseformalitäten am Bahnhof Friedrichstraße, nur die rauchenden Vulkane und die beim Erdbeben eingestürzten Häuser passten nicht dazu. Seine Wohngemeinschaft hatte Schlesinger beauftragt, sich über Methoden des Kaffeeanbaus zu informieren, obwohl oder weil ihm der Nicaragua-Kaffee, den er aus Solidarität trank, nicht schmeckte. Zu meiner Überraschung nahm er den mir läppisch erscheinenden Auftrag ernst, was zu einem Zerwürfnis zwischen uns führte: Schlesinger weigerte sich, mich nach Puerto Cabezas an der Atlantikküste zu begleiten, wo die Miskito-Indianer gegen die sandinistische Regierung rebellierten – mit Unterstützung der USA, wie man munkelte. Der mehrtätige Aufenthalt im Kampfgebiet war der Höhepunkt der Reise, aber Schlesinger zog es vor, eine Kaffeeplantage zu besichtigen. Erst später begriff ich, dass er Angst hatte: weniger vor Granatwerfern und Minen als vor dem Flug in einer altersschwachen Cessna über den von Contras infiltrierten Dschungel Nicaraguas.

Nach der Rückkehr trennten sich unsere Wege, ohne dass es zum Streit oder Bruch kam. Aber nach Jahren regelmäßigen Umgangs in und außerhalb der Tageszeitung, deren Literaturbeilage, die *Literataz*, wir gemeinsam herausgaben – hatten wir uns auseinandergelebt. Klaus Schlesingers DDR-Nostalgie ging mir auf die Nerven, hatte er doch längst mit den Füßen für den Westen optiert, und seine Identifikation mit Streetfightern, die dreißig Jahre jünger waren als er, fand ich lächerlich. Umgekehrt muss es ihm ähnlich ergangen sein, denn während er mich in seinem Wendetagebuch *Fliegender Wechsel* lobend erwähnt, meldete er in späteren Essays Widerspruch an gegen mein JA zur Wiedervereinigung. Dabei hatte ich nicht seine Stellungnahmen, sondern nur deren Begründung kritisiert, ohne zu bedenken, dass Klaus Schlesinger mehr aus dem

Bauch argumentierte als aus dem Kopf – darin lag seine Stärke als Erzähler, der psychologisch glaubwürdige Figuren entwirft.

Doch weder politische Meinungsverschiedenheiten noch Stasi-Vorwürfe gegen ihn, die ich mir nie zu eigen machte, taten dem guten Einvernehmen Abbruch. Unser Umgangston blieb freundschaftlich bis zuletzt, als er mir, eine Woche vor seinem Tod, eine Widmung schrieb in sein letztes Buch: »Von Ost nach West« – dass sich dahinter eine Anspielung verbarg auf den Aufbruch in ein fremdes Land, das weiter entfernt und doch näher lag als Westberlin, ahnte weder er noch ich.

Zum Schluss möchte ich ein paar Beobachtungen festhalten, die Schlaglichter werfen auf Schlesingers widersprüchliche Persönlichkeit. Und es liegt in der Natur der Sache, dass sie neben Ernstem auch Komisches enthalten – der Verstorbene hätte nichts dagegen einzuwenden gehabt:

Klaus Schlesinger war der einzige DDR-Autor, dem es gelang, eine Erzählung zu schreiben über den Mauerbau, die nichts beschönigt oder verschweigt, und diese unzensiert in der DDR zu veröffentlichen – ein Drahtseilakt wie die Flucht über ein durch die Luft gespanntes Seil von Ost- nach Westberlin. Die noch heute lesenswerte Geschichte heißt *Am Ende der Jugend* und steht in seinem Erzählband *Berliner Traum*.

Klaus Schlesinger war der einzige mir bekannte DDR-Schriftsteller, der durch die Offenlegung seiner Stasi-Akte nicht beschmutzt, sondern reingewaschen wurde, weil er kein Spitzel gewesen war.

Schlesinger ist die einzige mir bekannte Person, die in einer Berliner Kneipe ein Eisbein in die Küche zurückgehen ließ mit der Begründung, es sei nicht fett genug.

Schlesinger war der einzige Revolutionstourist, der im von Contras verminten Dschungel von Nicaragua Kaffee und Kuchen verlangte – Gerichte, die es dort nicht mal in Friedenszeiten gibt.

Wie Heiner Müller rauchte Schlesinger bis zum letzten Atemzug – auf dem Nachttisch an seinem Sterbebett lag eine angebrochene Schachtel Roth-Händle.

Notiz zu Uwe Johnson

Um meine erste Begegnung mit Uwe Johnson zu schildern, muss ich mich zurückversetzen in den Spätherbst des Jahres 1963 – vielleicht war es auch Anfang 1964 – als Johnson im Literarischen Colloquium Berlin, damals noch in der Carmerstraße, nicht weit vom Savignyplatz, *Prosaschreiben* unterrichtete. Walter Höllerer hatte ein Dutzend angehende Autoren nach Westberlin eingeladen, um an einem von der Ford-Stiftung finanzierten *Creative-Writing*-Seminar teilzunehmen. Johnson gab nur ein kurzes Gastspiel. Der damals knapp dreißigjährige Autor der *Mutmaßungen über Jakob* und des *Dritten Buchs über Achim* war, ähnlich wie der scheue und wortkarge Peter Weiss, mit seinem eigenen Werk beschäftigt und litt sichtlich unter der ihm nicht gemäßen Rolle eines Präzeptors oder Vermittlers, die Günter Grass und Peter Rühmkorf mit Lust und Verve spielten. Der blonde Hüne mit der Nappalederjacke, von seinen Leipziger Kommilitonen *Ossian* genannt, schien sich körperlich unwohl zu fühlen unter den nur wenig jüngeren Autoren, die Ansporn und Ermutigung für ihre eigene Arbeit oder geistreiche Aperçus von ihm erwarteten. Er schwieg hartnäckig und hielt sich an seiner Pfeife fest, die wie die Schreibmaschine zum unverzichtbaren Accessoire eines Literaten gehörte. Meine Frage, ob ein zeitgenössischer Schriftsteller sich unbedingt für die Fahrpläne der Deutschen Reichsbahn, die Gangschaltung eines Rennrads oder das Frühwarnsystem der Nato interessieren müsse, statt sich wie Kafka oder Novalis von der Außenwelt zurückzuziehen in eine traumhafte Innenwelt, beantwortete Johnson kurz und bündig mit NEIN, ohne sein apodiktisches Urteil zu begründen. Dass er mit Einsprüchen gegen den Boykott der Berliner S-Bahn beschäftigt war, wusste ich damals nicht, und es hätte mich, auch wenn ich es gewusst hätte, nicht sonderlich interessiert.

Anfang der siebziger Jahre zog ich von Wilmersdorf nach Berlin-Friedenau, wo ich mit Nicolas Born im selben Haus wohnte, in unmittelbarer Nachbarschaft zu Hans Magnus Enzensberger, Günter Grass, Uwe Johnson und zeitweise auch Max Frisch. Wir trafen Johnson gelegentlich im Bundeseck, einer für ihre Hässlichkeit berühmten Eckkneipe, wo sich nach Lesungen im nahgelegenen Buchhändlerkeller eine Gruppe von Literaten versammelte, zu der neben Grass auch dessen Lektor Klaus Röhler gehörte. Johnson und Röhler soffen sich gegenseitig unter den Tisch und, im Gegensatz zum proletarischen Zeitgeist der siebziger Jahre, siezten sie einander dabei. Mittwochs war Markt in Friedenau, und Uwe Johnson war schon vormittags in einer Spelunke neben dem Rathaus anzutreffen, an deren Theke er den über Nacht abgesunkenen Alkoholpegel auffüllte; abends frequentierte er eine Kneipe in der Rheinstraße, deren Wirt keine Ahnung hatte, dass sein wortkarger Stammgast ein weltberühmter Schriftsteller war. Zusammen mit Nicolas Born besuchte ich Johnson in dessen Wohnung – Atelier ist ein besserer Ausdruck dafür – in der Stierstraße. An der Wand hing ein Stadtplan von Großberlin, und überall waren Messtischblätter ausgebreitet, wie Generalstabskarten mit farbigen Punkten und Strichen markiert. Johnson und Grass hatten sich über irgendetwas zerstritten; jahrelang herrschte Funkstille zwischen beiden, bis Günter Grass den früheren Freund überredete, ihn zu einer privaten Lesung nach Ostberlin zu begleiten. Das konspirative Treffen fand in der Wohnung von Krista und Hans Joachim Schädlich in Köpenick statt; außer Nicolas Born und mir waren Günter Kunert, Rainer und Sarah Kirsch sowie Bernd Jentzsch anwesend.

Uwe Johnson schwieg zumeist, aber er war gefürchtet für ins Schwarze treffende Bemerkungen, mit denen er nicht nur ein literarisches Werk, sondern auch dessen Verfasser demontierte, etwa wenn er einen Text als Nachruf charakterisierte und sich darüber mokierte, dass der Autor noch am Leben sei. Als Sarah Kirsch wissen wollte, warum ihre Anwesenheit beim sogenannten Friedensdialog in der Westberliner Akademie der Künste unerwünscht war, antwortete Johnson sarkastisch, nicht jedermann sei zum Five o'clock tea bei der Königin von England eingeladen. Zum letzten Mal sah ich ihn ein Jahr vor seinem Tod bei dem erwähnten Schriftstellertreffen, wo Johnson souverän, aber mit pedantischer Akribie die Diskussion leitete und das Bekenntnis des DDR-Autors Erik Neutsch, er stimme voll und ganz mit der Politik seiner Partei und Regierung überein, lakonisch kommentierte mit dem Satz: »Das ist bekannt.«

Bei der von Helen Wolff geleiteten Trauerfeier für Uwe Johnson im New Yorker Goethe-Institut saß der Bankier Abs in der ersten Reihe, und erst nachträglich wurde mir klar, dass eine gleichnamige Romanfigur in den *Mutmaßungen über Jakob* eine zentrale Rolle spielt.

Alles in allem habe ich Uwe Johnson, trotz wiederholter Begegnungen, nur flüchtig gekannt. Seine Person ist mir fremder geblieben als sein Werk, das mit unverstellter Stimme spricht und die Barrieren überwindet, hinter denen dieser spröde und verletzliche Mensch sich zu seinen Lebzeiten verschanzt hat.

II. EIN ZEITALTER WIRD BESICHTIGT

Der Nussknacker

Hommage an Günter Grass

1

Welch ein großmächtiger Kiefer! Und dieses
  Gehege von Zähnen!
Zwischen die Backen herein nimmt er, was alles
  zur Hand,
und zerkracht es und weist schon die faul' oder
  trockenen Kerne,
leere Schalen, den Wurm – flieht, hört ihr
  knirschen den Grass!

Diese satirischen Verse dichtete Johannes Bobrowski,
nachdem er bei der Gruppe 47 Günter Grass begegnet war. Der Vierzeiler ist mehr als ein Literatenulk:
Er charakterisiert in zweifacher Hinsicht den Autor
der *Blechtrommel* und späteren Nobelpreisträger und
bringt dessen Kampfeslust auf den Punkt, die Grass'
echte und eingebildete Gegner zu spüren bekamen.
Darüber hinaus benennt er ein physiognomisches Detail, die Progenie, zu Deutsch Unterbiss, die Grass mit
seinem Schnauzbart kaschierte: laut Wikipedia ein
Erkennungsmerkmal von Genies und Wahnsinnigen,
Pornodarstellern und Polizisten, Zauberkünstlern und

Diktatoren – doch das nur in Klammern. Beides, der Unterbiss und das aggressive Temperament, sind zwei Seiten derselben Sache, und der Schnauzbart wurde ebenso zum Markenzeichen von Günter Grass wie die Blechtrommel, mit der sein zwergwüchsiger Protagonist sich Aufmerksamkeit verschafft. Dass Oskar Matzerath – schon der Name ist Programm – mit schrillem Diskant Gläser zersingt, passte zur Selbstvermarktung des Autors als kaschubischer Rowdy und Provokateur, der nicht nur den Literaturbetrieb, sondern auch die deutsche Politik aufmischte. Schnauzbart, Cordjacke und selbstgedrehte Zigaretten gehörten zum Image des Nonkonformisten wie auch gezielte Verstöße gegen Religion, Moral und guten Geschmack im Text seines Romans. Doch der gegen die *Blechtrommel* erhobene Vorwurf der Blasphemie und Pornographie, der zur Aberkennung des Bremer Literaturpreises führte, ist aus heutiger Sicht nicht nachzuvollziehen. Günter Grass galt als Schmuddelkind, das mit Behagen im Dreck herumstocherte und dem Ekel kulinarische Effekte abgewann wie in der Schilderung eines von Aalen wimmelnden Pferdekopfs, und er war Welten entfernt von der Tristesse der frühen Nachkriegsliteratur. Das änderte sich erst, als er sich der politischen Vernunft verschrieb und für Willy Brandt in den Wahlkampf zog. Während Grass die Werbetrommel rührte für die ESPEDE, wurde er vom Studentenprotest links überholt, und die Kulturrevolution von 1968 – Drogen, Sex und Rock 'n' Roll – ließ seine Provokationen harmlos erscheinen. Im Konflikt mit der jüngeren Generation

sah er alt aus, und seine Aussage, den Vietnamkrieg
könne er nicht beurteilen, weil er kein Vietnamesisch
spreche, war ebenso peinlich wie die Schweinskopf-
sülze, die er dem Beat-Poeten, Juden und Vegetarier
Allen Ginsberg auftischte.

2

Es war schwer, fast sogar unmöglich, mit Günter Grass
befreundet zu sein, weil er sich mit subalternen Höf-
lingen umgab, die allem, was er sagte, schrieb und tat,
ihren Segen erteilten, während er allergisch reagierte
auf Kritik und von seinen Freunden Gefolgschaft verlangte: Wie im Fähnlein der sieben Aufrechten gab
Grass die Richtung vor, und der Rest der Truppe folgte
nach, als habe der Dienst in der Wehrmacht sein Verständnis von Befehl und Gehorsam geprägt – die mit
siebzehn erfolgte Einziehung zur Waffen-SS war damals noch nicht bekannt. Alle großen Schriftsteller,
mit denen Grass befreundet war, stieß er früher oder
später vor den Kopf, von Max Frisch bis zu Heinrich
Böll, und die beredte Klage, sein Freund Uwe Johnson
fehle ihm, hatte einen schalen Beigeschmack, denn
beide wohnten in Berlin-Friedenau fast Tür an Tür,
wechselten jahrelang aber kein Wort. Hinzu kommt,
dass er bei jeder passenden und unpassenden Gelegenheit Kollegen ungebetene Ratschläge gab: »Wer schreibt
den großen Roman über den blauen Himmel über der
Ruhr?«, sagte Grass im Literarischen Colloquium mit

Blick auf Nicolas Born, der aus Essen kam und stotternd darlegte, dass er andere Prioritäten habe – »blauer Himmel über der Ruhr« war ein Wahlkampfslogan der SPD. »Und wer schreibt den großen Roman über das Umkippen des Bodensees?« Bei diesen Worten fixierte er mich, der ich in Bonn und Marseille aufgewachsen war und die Bodensee-Region nur vom Hörensagen kannte. Ich verwies stotternd auf den am Bodensee wohnhaften Martin Walser, doch den hatte er schon vergeblich gefragt. Das war im Winter 1963/64 in Westberlin. Kurz zuvor war ich Grass in Saulgau erstmals begegnet, wo er mich in Schutz nahm gegen die vernichtende Kritik der Koryphäen Marcel Reich-Ranicki und Walter Jens.

3

Günter Grass ist tot – er starb am 13. April, meinem Geburtstag, und erst jetzt kann ich ermessen, was er für mich und meine Generation bedeutet hat. Grass war eine Vaterfigur, die ein halbes Jahrhundert lang der deutschen Literatur ihren Stempel aufgedrückt und die Wahrnehmung der Bundesrepublik im In- und Ausland geprägt hat. Der Schatten, den dieser Übervater warf, war übergroß, und vielleicht erklärt das, warum ich mich seinem Einfluss entzog und nicht in seine Fußstapfen trat, obwohl er trotzdem bestimmend blieb. Dabei denke ich an seine moralisch-politische Haltung, nicht an den barock verschnörkelten

Stil und die mäandernde Erzählweise, die kaum Nach-
ahmer fanden, während seine mit Selbstherrlichkeit
gepaarte Rechthaberei eher zum Widerspruch reizte
als zur Zustimmung. Doch selbst dort, wo er sich ver-
galoppierte mit Vorurteilen gegen abstrakte Kunst und
postmoderne Literatur, Computer und Handys oder
gegen Angela Merkel, die er »Petzliese« nannte, waren seine Irrtümer getragen von bürgerschaftlichem
Engagement, das nicht aus dem Kopf, sondern aus dem
Bauch, nein: von Herzen kam und deshalb Respekt verdient.

Auf dem Campus der Freien Universität wurde Grass
ausgebuht, als er im Juni 1967, nach den Schüssen auf
Benno Ohnesorg, für das Existenzrecht Israels plädierte, das er kurz vor dem Sechstagekrieg besucht
hatte. Das Pfeifkonzert der Studenten gellt mir noch
jetzt in den Ohren. Aber das war harmlos verglichen
mit der Entrüstung, die ihm entgegenschlug, als er
vor Israels Atombombe warnte in einem Gedicht, das
eher einem Leitartikel ähnelte. Wie im Gleichnis vom
Schmetterlingsflügel, der einen Orkan verursacht,
lösten die prosaisch klingenden Verse eine Medien-
kampagne aus. Doch die vermeintliche Gleichsetzung
Israels mit dem Iran rechtfertigt es nicht, Grass als
Antisemiten an den Pranger zu stellen, und es spricht
für Martin Walser, dass er sich bei einer Diskussion im
Springer-Verlag weigerte, den Freund und Kollegen in
Grund und Boden zu verdammen.

All das wiederum war ein Sturm im Wasserglas verglichen mit der geballten Empörung, die Grass traf,

als er in seiner Autobiographie *Vom Häuten der Zwiebel* seine Mitgliedschaft in der Waffen-SS gestand – im Gespräch mit Klaus Wagenbach soll er dies schon früher angedeutet haben. Doch selbst wenn Grass ein von der NS-Ideologie verführter Kindersoldat war, drängt sich der Verdacht auf, dass er die Wahrheit für sich behielt, weil sie seiner Anwartschaft auf den Nobelpreis geschadet hätte – ein taktisches Kalkül, das den moralischen Anspruch des Autors konterkariert.

Unabhängig davon ist zu unterscheiden zwischen Grass als öffentlicher Person, die wie ein heidnischer Donnergott Blitze schleuderte, verletzend grob und übellaunig sein konnte, und der Privatperson, die höflich, zuvorkommend und aufmerksam, ja liebenswert war, ein perfekter Gastgeber und begnadeter Koch. Dazu gehört, dass er notleidenden Kollegen schnell und unbürokratisch half mit privaten Darlehen, Stipendien und von ihm gestifteten Literaturpreisen, ohne sich seiner guten Taten zu rühmen.

Literarisch war Günter Grass kein Vorbild für mich, obwohl er mir näherstand als etwa Heinrich Böll, der mir eher wie ein weiser Großvater erschien. Was mich als angehenden Autor faszinierte, war das Frühwerk von Peter Weiss, vom *Schatten des Körpers des Kutschers* bis zu seinem Drama *Marat/Sade*, das Grass mit *Die Plebejer proben den Aufstand* vergeblich zu toppen versuchte. Der Autor der *Blechtrommel* war selbst ein Plebejer, kein klassenbewusster Proletarier, sondern ein Kleinbürger, der den Kolonialwarenladen nicht verleugnete, für den er Schulden eingetrieben hatte, und zugleich ein genialer Vermarkter des eigenen Ruhms. »Dein Name muss jede Woche in der Zeitung stehen – egal womit«, sagte er in der Paris Bar bei einem *Steak Minute*, zu dem er mich einlud, nachdem ich ihm klargemacht hatte, dass und wie ich die *Blechtrommel* zu überbieten gedachte.

Unter der Ägide von Günter Grass schrieb ich im Sommer 1965 Wahlreden und Slogans für Willy Brandt – zusammen mit Nicolas Born, Hubert Fichte und anderen Autoren, aber 1968 trennten sich unsere Wege: Grass plädierte für Reformen, während ich, Hans Magnus Enzensberger folgend, für die Weltrevolution optierte, die unter dem Motto *Schreibmaschinen für Vietnam* im Berliner Bundeseck tagte – ein Massenwahn, der selbst kluge Köpfe ergriff. In seinem *Tagebuch einer Schnecke* hat Grass Nicolas Born und mich mit Hohn und Spott karikiert.

Die Verstimmung währte nicht lange, denn bald darauf sahen wir uns wieder bei privaten Lesungen in Ostberlin, die Staat und Partei in Verwirrung stürzten, weil sie weder erlaubt noch verboten waren. Unsere Gespräche wurden abgehört, doch die Stasi wurde nicht schlau daraus, weil sie von Literatur handelten – Politik blieb außen vor. Doch das Versprechen des SED-Vorsitzenden, in Kunst und Literatur gäbe es fortan keine Tabus, schien ein Versprecher zu sein, denn der Honeymoon von Geist und Macht endete mit der Ausbürgerung Wolf Biermanns, die einen Exodus der DDR-Literatur nach sich zog – unsere Gesprächspartner fanden sich *nolens volens* im Westen wieder.

Bei privaten Treffen in Ostberlin las Grass aus *Der Butt* und *Das Treffen in Telgte*, zwei Texte, die mir bis heute gut gefallen, während ich mit der *Rättin* und dem Wende-Roman *Ein weites Feld* nichts anfangen konnte – letzterer schien mir gründlich missraten. Mit der Novelle *Im Krebsgang* über den Untergang der *Wilhelm Gustloff* fand Grass zu alter Form zurück, und sein Roman über Grimms Wörterbuch harrt einer Wiederentdeckung. Nach seiner Übersiedlung von Berlin nach Lübeck sahen wir uns nur noch sporadisch: Bei sogenannten »Friedensgesprächen« mit DDR-Autoren, die ihre Treue zur SED bekundeten. Oder bei einer Diskussion mit Wolfgang Thierse in der Akademie der Künste, wo ich, aus dem Grenzgebiet Pakistan-Afghanistan zurückgekehrt, von Grass zurechtgewiesen wurde, weil er keinen Widerspruch vertrug. Sowie, *last but not least*, in seinem Landhaus an der Algarve, wo er sich mit einem gebratenen Butt dafür revanchierte, dass ich Jahre zuvor in New Yorks Chinatown die Zeche bezahlt hatte, weil Grass wie immer kein Geld bei sich hatte. Das Knacken, mit dem er die Schwanzflosse des Butts zwischen den Kiefern zermalmte, nahm das Geräusch vorweg, das aus seinem Grab dringt, wenn er, wie in seinem letzten Willen angedroht, unter der Erde Nüsse knackt.

Nachmittag eines Fauns
Zu Gast bei Martin Walser

Er sieht aus wie Bismarck, nur ohne dessen eisgrauen Schnurrbart, und seine sonst volltönende Stimme klingt brüchig und heiser, obwohl Bismarcks Stimme – das geht aus einem kürzlich entdeckten Tondokument hervor – flach und blechern klang. Seine buschigen Augenbrauen erinnern an Breschnew, aber hier hören die Vergleiche auch schon auf. Die Rede ist von Martin Walser, dem ich auf der Terrasse seines Hauses in Nussdorf gegenübersitze, und statt den Ausblick auf den vom Wind bewegten Bodensee zu genießen, muss ich erzählen, was mich hierher verschlagen hat.

Es war im Sommer 2012, und ich hatte mich selbst eingeladen, um Martin Walser Dank abzustatten für die Herausgabe von *Vorzeichen zwei*, einer Anthologie junger, damals noch unbekannter Autoren, die meine ersten, unverlangt eingesandten Texte enthielt. Das ist über ein halbes Jahrhundert her, und es wäre nicht der Rede wert, hätte der von Walser betreute Sammelband mir nicht einen Vertrag mit Suhrkamp und eine Einladung zur Gruppe 47 eingebracht. Dabei bin ich kein Walser-Fan und auch kein Kenner seines Werks. Weder habe ich all seine Bücher gelesen noch war und bin ich mit seinen politischen Interventionen immer einverstanden: Walsers frühzeitiges Eintreten für die Wiedervereinigung imponierte mir, aber seine Pauls-kirchen-Rede irritierte mich. Aus seiner Dissertation über Kafka habe ich viel gelernt, wie auch aus seinem theologischen Essay über *Rechtfertigung*. Und es gefiel mir, wie er kürzlich im Springerhaus alle Versuche, ihn zur Verdammung von Günter Grass zu bewegen, von sich abtropfen ließ, ohne dessen Israel-Kritik gut-zuheißen. Doch mein Wunsch, Martin Walser zu tref-fen, hatte nichts zu tun mit dem durch inflationären Gebrauch entwerteten Antisemitismus-Vorwurf, son-dern mit dem Wunsch, den letzten Dinosaurier der deutschen Literatur in seiner natürlichen Umgebung agieren zu sehen.

Ist Walser ein Tyrannosaurus Rex? Diese Charakteri-sierung passt eher auf Günter Grass, denn trotz oder wegen seines cholerischen Temperaments ist Martin Walser ein Pflanzenfresser, der Bäume abweidet, um Literatur daraus zu machen, also ein Papiertiger: Wenn ich richtig gezählt habe, hat er dreißig Romane ver-öffentlicht, dazu je zehn Theaterstücke, Essay- und Erzählbände – Tagebücher, Gedichte, Hörspiele und Filmszenarien nicht mitgerechnet. Martin Walser ist der produktivste Autor der Gegenwart, kein Vielschrei-ber, sondern ein *springender Brunnen* – so der Titel eines Romans – dessen Vitalität auch im Alter ungebrochen ist. Die Schaffenskraft hat ihren Preis, denn anders als die ständige Einmischung in öffentliche Belange vermuten lässt, vollzieht sich die Umwandlung des Le-bensstoffs zu Lesestoff in der Stille und Abgeschiedenheit eines ländlichen Domizils, und die Bodenhaftung, nein: Bodenseehaftung war die Voraussetzung für die Entstehung seines Werks. Hier ist ein zusätzliches Paradox zu konstatieren, denn Walsers beredte Klage über den Zwang, recht haben zu müssen, dem er die christliche Rechtfertigungslehre entgegenstellt – wir sind weder durch unsere Taten noch durch den Glauben gerechtfertigt, sondern allein durch Gott –, steht im Widerspruch zu den Wortmeldungen des Autors, die nicht frei sind von Rechthaberei – kein Wunder auf Walsers langem Marsch von der SPD über die DKP zur CSU, der er sich in Wildbad Kreuth andiente.

In seiner Phänomenologie kritisiert Hegel die »geistlose Freiheit des Meinens«, die nur »Anspielungen auf witzige und scheinbare Beziehungen« darbiete, und als ich diesen Satz zitiere, bricht Martin Walser in Gelächter aus und stößt mir den Ellbogen in die Rippen, eine Geste, mit der er spontane Zustimmung wie auch jugendlichen Übermut zum Ausdruck bringt. Dazu passt seine Antwort auf die Frage, was ihn kürzlich nach Hildesheim geführt habe, eine Buchpremiere oder ein Vortrag? Nichts dergleichen: Es war sein Freund Georg Olms, Chef des bekannten Reprint-Verlags, dem Martin Walser, Jahrgang 1927 wie Olms, zum Geburtstag eine Festrede hielt. Georg Olms ist ein passionierter Pferdezüchter und Pistolenschütze, aber als er vorschlug, nach dem Essen zum Schießstand in den Keller zu gehen, lehnte Walser ab, um den Jubilar nicht versehentlich totzuschießen.

Martin Walser hat eine jungenhafte Unbekümmertheit, ja Naivität, gepaart mit lausbübischer Ironie, die in erzählender Prosa gut rüberkommt, bei seinen politischen Interventionen aber oft überhört oder überlesen wird, so als seien öffentliche Stellungnahmen Gesetzestafeln und nicht bloß Wegmarken am Straßenrand. »Ich hatte nicht das Gefühl, einem Mönchsorden beizutreten, als ich 1968 den Boykottaufruf gegen die Springerpresse unterschrieb«, sagte Walser bei dem oben erwähnten Gespräch im Springerhaus, und es sei durchaus möglich, dass er sich mit dem Zeitungsverleger gut verstanden hätte, dessen Engagement für die Wiedervereinigung, aber auch für Israel, er nachträglich Respekt erweist, obwohl er ihm nie persönlich begegnet ist.

Umgekehrt, erzählt Martin Walser am Kaffeetisch, während seine Frau Aprikosenkuchen kredenzt, wollte Suhrkamp-Chef Siegfried Unseld von seinen Autoren nicht nur als Verleger ernst genommen werden, sondern als Intellektueller, der er nicht wirklich gewesen sei: Fürs Geistige seien die Lektoren zuständig gewesen – allen voran Walter Boehlich. Ich weiß, wovon Martin Walser spricht, denn im Umgang mit Siegfried Unseld hatte ich eher das Gefühl, einem Skilehrer zu begegnen als einem feinsinnigen Literaten, und habe seinen Genius als Verleger, aber auch seine intellektuelle Kapazität unterschätzt. Martin Walser lacht hell auf, als ich ihm erzähle, dass Unseld mich mit einem Salär von hundert Mark im Monat für Suhrkamp köderte – 1963 war das viel Geld, und er boxt mich in die Seite, als er hört, dass der Verlagschef meine Frau, um mit ihr anzubändeln, zum Skiurlaub einlud. »Das Skifahren habe ich ihm beigebracht«, sagt Walser stolz, aber Siegfried Unseld sei der bessere Schwimmer von beiden gewesen. Und er erzählt nicht ohne Bitterkeit, wie der Verleger und er sich in den achtziger Jahren entfremdet hätten, weil eine neu hinzugekommene Person einen Keil in ihre Freundschaft trieb.

»Und wer war diese Person?« – »Namen sind Schall und Rauch!«

Das stimmt nicht ganz, denn die Namen von Walsers Romanhelden sind Programm – ähnlich wie bei Kafka, dessen Protagonisten Gregor Samsa und Josef K. schon in der Namensgebung auf den Autor verweisen. Gottlieb Zürn zum Beispiel, »ein leidenschaftlicher Verundeutlicher, der an allem, was er verundeutlicht, keinen Zweifel lässt, und Wendelin Krall, der darauf besteht, ein rückhaltloser Verdeutlicher zu sein«. In der doppelten Bewegung dieses Satzes (aus *Der Augenblick der Liebe*) charakterisiert Walser sich selbst als Doktor Jekyll und Mr. Hyde, aber das dahinterstehende Prinzip hat er schon Anfang der fünfziger Jahre in seiner Doktorarbeit benannt: »Soll man mir nachsagen dürfen, dass ich am Anfang des Prozesses ihn beenden wollte, und jetzt, an seinem Ende, ihn wieder beginnen will?«, fragt Josef K. in Kafkas *Process*, und Martin Walser kommentiert: »Dass jeder Existenzbehauptung die Aufhebung folgt, aber der Lebenswille eines Menschen durchbricht sie insofern, als er seine Existenz trotz der immerwährenden Aufhebung weiter behauptet.« Dialektisch gesprochen, geht es um die Negation der

Negation, und hier wird sichtbar, dass und wie die Infragestellung des eigenen Ichs im Existenzialismus der Nachkriegszeit wurzelt, als Martin Walser Theologie und Philosophie studierte – die Spätfolgen dieser frühen Prägung lassen sich an seinem Essay über *Rechtfertigung* ablesen, der um Karl Barth kreist. Anders ausgedrückt: Schreiben ist ein Modus des Seins, und die Literatur hat ihre eigene Wahrheit, die mit den Pseudogewissheiten der Politik nicht oder nur begrenzt kompatibel ist. Politische Meinungen dagegen sind etwas Erworbenes, das man wie Kleider zur Schau stellen und auch wieder ablegen kann. Vielleicht hat Kafka deshalb zu Gustav Janouch gesagt, auf politischen Versammlungen hätten ihn die Redner aller Parteien stets vollkommen überzeugt – ein Satz, der Martin Walser so gut gefällt, dass er mir zum dritten Mal an diesem Tag in die Rippen boxt.

Hans Magnus Enzenbergers langer Weg nach Westen

Wer war oder ist Hans Magnus Enzensberger? Obwohl ich ihn seit über einem halben Jahrhundert kenne und nie aus den Augen verlor, bleibt seine Persönlichkeit mir so rätselhaft wie seine literarische Physiognomie. Beim Schreiben seines Erinnerungsbuchs mit dem sprechenden Titel *Tumult* muss es ihm ähnlich ergangen sein, denn der Blick zurück auf die Zeit um 1968, eine wichtige Weichenstellung seines Lebens, fördert zwar unbekannte, wissenswerte und überraschende Einzelheiten zutage, aber Enzensberger tut sich schwer, zu sagen, was er wollte und wer er war. *Beim Häuten der Zwiebel* hat Günter Grass das jedem Memoirenschreiber vertraute Dilemma genannt, doch der Verfasser der *Blechtrommel* blieb seiner Geburtsstadt, sich selbst und der SPD treu und legte, von Buch zu Buch, neue und aktualisierte Versionen der Danzig-Trilogie vor. Anders Hans Magnus Enzensberger, der sich in jeder Schaffensphase neu erfand, bis er selbst nicht mehr wusste, hinter welcher Facette seiner multiplen Persönlichkeit das Ich des Autors sich verbarg:

»Sein wahres Wesen kennen wir nicht; ein Geschöpf, an dem seine und unsre Einbildungskraft nicht weniger teilhat als die Geschichte: ein Kobold und Bürgerschreck, Komödiant, erotisches Genie, genialer Sammler wunderbarer Geistesschätze, aber auch ein radikaler Artist, der Verse ohne Vorbild schrieb, auf der Höhe seines Lebens von einer Bekehrung ereilt, die sein Leben in zwei Stücke gespalten hat, unberechenbar, nie ganz zu durchschauen ...«

Ich habe mir die Freiheit genommen, stark verkürzt aus Enzensbergers Doktorarbeit über Brentano zu zitieren, ohne den Dichter beim Namen zu nennen, um deutlich zu machen, wie verblüffend genau der in den fünfziger Jahren geschriebene Text den Werdegang seines Autors vorwegnimmt, einschließlich der politischen Bekehrung, die diesen zehn Jahre später »ereilte«.

Damit nicht alles falsch wird, eine Einschränkung: Enzensbergers Wandlung vom Dichter zum Revolutionär geschah nicht über Nacht, und anders als etwa Peter Weiss hat er sich nie zum »real existierenden« Sozialismus bekannt und blieb auch in seiner dogmatischen Phase ein Nonkonformist. Aber es gibt einen Text vom Februar 1968, der einer Konversion zum Marxismus nahekommt, ein politisches Fanal, das Enzensberger nachträglich zu bagatellisieren versuchte mit dem Hinweis, der offene Brief an den Präsidenten der Wesleyan University sei ohne sein Zutun an die Öffentlichkeit gelangt:

»Herr Präsident, ich halte die Klasse, die die USA beherrscht, und die Regierung, die ihr als Werkzeug dient, für die gefährlichste menschliche Gruppierung der Erde ... Sie führt gegen mehr als eine Milliarde Menschen einen nicht erklärten Krieg ... Ihr Ziel ist es, ihre politische, ökonomische und militärische Vorherrschaft über jede andere Macht der Welt zu errichten. Ihr Todfeind ist die revolutionäre Umwälzung ... Ich habe mich entschieden, nach Cuba zu gehen und dort geraume Zeit zu arbeiten. Das bedeutet für mich kaum ein Opfer; ich fühle einfach, dass ich vom cubanischen Volk mehr lernen und dass ich ihm von größerem Nutzen sein kann als den Studenten der Wesleyan Universität.«

Ich weiß noch, mit welcher inneren Erregung ich diese Sätze las. Ich studierte damals am Writers' Workshop der University of Iowa und erwog ernsthaft, mein Stipendium aufzukündigen, statt einer verbrecherischen Großmacht als Feigenblatt zu dienen. Für Autoren meiner Generation war Enzensberger eine unbezweifelte Autorität, und ich beneidete ihn um das Privileg, nach Kuba zu gehen, damals eine *terra incognita*, deren Betreten wenigen Auserwählten vorbehalten war. Dass Enzensbergers Kuba-Aufenthalt zum Fiasko werden würde, ahnte weder er noch ich. Aber es kam noch dicker: Im nächsten oder übernächsten *Kursbuch*, der Hauspostille der Neuen Linken, empfahl Enzensberger jungen Autoren wie mir Günter Wallraff als Vorbild und verkündete den Tod der Literatur mit den Worten: »Für literarische Kunstwerke lässt sich eine wesentliche gesellschaftliche Funktion in unserer Lage nicht angeben.«

Beim Wiederlesen dieses und anderer Texte von 1968 fällt auf, dass sie ein dadaistisches Element enthalten: Die Lust an der Provokation geht einher mit der augenzwinkernden Versicherung, es sei nicht so ernst gemeint. Enzensberger hielt sich eine Hintertür offen: Statt ihn zu lähmen, scheint die These vom Tod der Literatur seine Produktivität beflügelt zu haben. Mir ging es umgekehrt; ich war zutiefst verunsichert, als habe man mir den Boden unter den Füßen weggezogen, denn seit der ersten Begegnung mit ihm blickte ich bewundernd zu Enzensberger auf. Gegen die einschüchternde Kritik von Ernst Bloch, der mich auf dem Müllhaufen der Geschichte entsorgen wollte, verteidigte Enzensberger meinen Text mit den Worten, es handle sich um Kaspertheater. Auch die Studentenrevolte war Kaspertheater – bekanntlich folgt auf die Tragödie die Farce. Aber statt weiter herumzualbern, studierte ich marxistische Theorie, die – von Marx bis Marcuse – weit entfernt war von linksradikaler Verachtung der Literatur: Klassisches Erbe hieß der Fachausdruck dafür.

Was erlebte Enzensberger in Kuba? In einem im *Kursbuch* abgedruckten Aufsatz bekannte er sich halbherzig zur kubanischen Revolution, und man musste sehr genau zwischen den Zeilen lesen, um die Desillusion zu spüren, die der Autor dabei empfand. Der Text war eine lustlose Pflichtübung – nicht nur wegen der Rekordernte von einer Million Tonnen Zuckerrohr, für die Enzensberger selbst die Machete schwang: ein von Castro diktiertes Produktionsziel, das Kubas Wirtschaft um

Jahre zurückwarf. Schlimmer noch war die Verhaftung des mit Enzensberger befreundeten Dichters Padilla, der zu demütigender Selbstkritik gezwungen wurde; noch schlimmer die von Che Guevara lancierte Kampagne gegen Schwule, die in Umerziehungslager gesteckt wurden, weil sie »die Reinheit der Revolution beschmutzten«. Doch es dauerte Jahre, bis Enzensberger Tacheles redete – nicht im *Kursbuch*, sondern dort, wo man es am wenigsten erwartete, in seinem Poem vom *Untergang der Titanic*:

»Schuhe gab es nicht und keine Spielsachen / und keine Glühbirnen und keine Ruhe, / Ruhe schon gar nicht, und die Gerüchte / waren wie Mücken. Damals dachten wir alle: / Morgen wird es besser sein, und wenn nicht / morgen, dann übermorgen. Na ja – / Wir wussten nicht, dass das Fest längst zu Ende, / und alles Übrige eine Sache war / für die Abteilungsleiter der Weltbank / und die Genossen von der Staatssicherheit.«

Enzensberger nennt hier die Dinge beim Namen. Ich weiß, wovon ich spreche, denn ich war Gastprofessor in Havanna und bekam am Ende des Semesters mit großer Geste eine Papiertüte mit sechzehn Dollar überreicht, dem Spitzengehalt eines Chefarztes – Prostituierte verdienten in einer Nacht zehnmal so viel. »Das höchste Stadium der Unterentwicklung«: So nannte Enzensberger, auf Lenin anspielend, seine Abrechnung mit dem Realsozialismus, die nicht mehr im *Kursbuch*, sondern in *Transatlantik* zu lesen war – schon der Titel des an amerikanischen Vorbildern orientierten Magazins signalisiert, dass der Autor auf seinem langen Weg im Westen angekommen war.

Auf *Kursbuch* und *Transatlantik* folgte *Die Andere Bibliothek* – jeder Band war ein Geniestreich, für den Enzensberger ein Logenplatz im Pantheon der Herausgeber und Verleger gebührt. Aber das ist nur die Spitze des Eisbergs, die offizielle Geschichte, deren inoffizielle Version er in den Memoiren erzählt, wo er dem Leser erstmals Einblick in sein sorgsam abgeschirmtes Privatleben gewährt.

Russischer Roman heißt der Hauptteil seines Buchs, den er in einem Schuhkarton im Keller entdeckt haben will, Aufzeichnungen von Reisen der sechziger Jahre in die UdSSR, wo Enzensberger seiner zweiten Frau Maria Makarowa begegnete und zusammen mit Sartre und anderen Koryphäen der Literatur Nikita Chruschtschow vorgestellt wurde. Das Porträt des bauernschlauen Parteichefs ist ein Kabinettstück präziser Beobachtung, gipfelnd in der Feststellung: »Von seiner größten politischen Leistung ahnt er nichts. Sie liegt in der Entzauberung der Macht ... Den Personenkult dementiert er nicht allein ideologisch, sondern durch seine Person.« Dramatischer als jede Haupt- und Staatsaktion aber war die Liebe zu Mascha, der Tochter des Schriftstellers Alexander Fadejew, die Enzensberger, bürokratische Hürden überwindend, in Moskau heiratete und die sich Jahre später in London, dem Beispiel ihres Vaters folgend, das Leben nahm.

Anders als gewöhnliche *fellow travellers* ließ Enzensberger sich kein X für ein U vormachen und hatte den Propagandaschwindel durchschaut, noch bevor er die oben erwähnte Konversion vollzog. Der Verfasser der Memoiren bekennt seine Ratlosigkeit angesichts dieser Paradoxie, die er nachträglich so kommentiert: »Auch der Mensch war mir fremd, den ich in den Papieren, die ich in meinem Keller fand, angetroffen habe ... Ich sah nur eine Möglichkeit, mich ihm zu nähern: Ich wollte ihn ausfragen. Doch war mir weder an einem Verhör noch an einer Beichte gelegen ... Das Einzige, was mich interessierte, waren seine Antworten auf die Frage: Mein Lieber, was hast du dir bei alledem gedacht?«

»Sag mir wo du stehst«, lautete ein besonders dümmlicher Refrain aus der ehemaligen DDR, und wer Antworten auf diese und ähnliche Fragen erhofft (Warum schreiben Sie? Wen oder was wollen Sie mit Ihren Büchern erreichen?), der ist bei Enzensberger an der falschen Adresse. Auch Liebhaber erotischer Indiskretionen kommen nicht auf ihre Kosten: Nur einmal vergreift der sonst so stilsichere Autor sich im Ton, wenn er von »nie gevögelten Mädchen« spricht. »Notwendige Fehler sind solche, die jeder andere würde vermieden haben«, schreibt Lessing in seinem *Laokoon*-Essay, und dazu gehören gelegentliche Ausrutscher wie die Gleichsetzung Saddam Husseins mit Hitler oder die Aufforderung an alle, Handys und Smartphones in den Mülleimer zu werfen. Der Dichter braucht »einen Restbestand von Naivität« heißt es im Schlusskapitel seines Erinnerungsbuchs – gerade das sei es, was der Literatur ihren Freiheitsgrad verschafft. Und Enzensberger setzt hinzu: »Ein Schriftsteller, der Vorschriften für andere Schriftsteller aufstellt, ist ein Idiot.« Demgegenüber meinte Walter Benjamin, ein Schriftsteller, der andere Schriftsteller nichts lehrt, lehre niemanden etwas. Diesen Satz könnte ich Enzensberger entgegenhalten, aber ich lasse es bei der Drohung bewenden.

Bewegung ist Leben
Erinnerung an Siegfried Unseld

Der Verleger Siegfried Unseld war das, was die deutsche
Fußballnationalelf wieder einmal verzweifelt sucht: ein
Trainer, der seinen Spielern beibringt, Räume eng oder
weit zu machen, sich mannschaftsdienlich zu verhal-
ten und dabei – nicht zu vergessen – Tore zu schießen.
Der sportliche Vergleich steht hier nicht von ungefähr:
Siegfried Unseld war ein Langstreckenschwimmer, der
täglich im Frankfurter Freibad sein Training absol-
vierte. In jüngeren Jahren ließ er sich mit befreundeten
Autoren von Bern aus die Aare hinabtreiben, und er erzählte gern, wie er bei Kriegsende aus der von der Roten Armee umzingelten Festung Sewastopol ins Meer
sprang und in die Dunkelheit hinausschwamm in der
Hoffnung, von einem Schiff gerettet zu werden. Stunden später fischte ihn ein deutsches Schnellboot auf,
während die in Sewastopol eingeschlossenen Soldaten
bei der Erstürmung der Stadt oder in russischer Ge-
fangenschaft ums Leben kamen.

Siegfried Unseld hatte den bulligen Charme eines
Schwimmlehrers und die raumgreifenden Bewegungen von Helmut Kohl, wenn er Besucher oder Autoren
in sein Büro dirigierte. Peter Suhrkamp soll den breit-

schultrigen jungen Mann, der 1952 auf Empfehlung Hermann Hesses in den Verlag eintrat, mit einer Dogge verglichen haben, die sich im Freien wohler fühle als am Schreibtisch, wie Max Frisch überliefert hat. »Er sah aus wie unser Bodyguard, nicht wie unser Verleger«, schrieb Franz Xaver Kroetz zu Unselds sechzigstem Geburtstag und verglich den Jubilar mit einem Preisboxer oder einem Dinosaurier, der viel Platz braucht. Die physische Präsenz des Verlegers ist unbestritten, aber wie steht es mit der geistigen Präsenz des Verlags? In seiner Vorlesung zur Entgegennahme einer Honorarprofessur an der Universität Heidelberg hat Siegfried Unseld 1993 die Metapher von Franz Xaver Kroetz aufgegriffen und weitergedacht. Er bezeichnete sich selbst als »letzten Dinosaurier der Gutenberg-Galaxis« und sprach von der »Dame Kassandra«, die beim Aufkommen neuer Medien immer wieder den »Tod des Buches« prophezeit habe. Daraus zog Unseld den Schluss: »Marshall McLuhan hat im Dezember 1970 das Ende des Buches für Dezember 1980 vorausgesagt. Im Dezember 1980 starb aber nicht das Buch, sondern Marshall McLuhan, und sein Institut für Zukunftsforschung in Toronto wurde geschlossen.« Wie Johnnie Walker ging Siegfried Unseld unbeirrt seinen Weg. Triftiger als der Vergleich mit der schottischen Whiskymarke, von der es nur drei Qualitätsklassen gibt – *red label, black label* und *blue label* –, ist der mit einer Kamelkarawane, die mit Bücherschätzen beladen durch die Wüste zieht, von Schakalen oder Hyänen verfolgt und von Sandstürmen und Luftspiegelungen bedroht, die sie vom Weg abzubringen versuchen. Die beispiellose Erfolgsgeschichte des Verlags wurde von Krisen begleitet, die sich manchmal zu Katastrophen zuspitzten und zusammen mit dem ökonomischen Fundament auch das literarische Profil gefährdeten. Schon die Gründung des Suhrkamp Verlags war eine schmerzhafte Geburt. Vorausgegangen waren Querelen zwischen Peter Suhrkamp, der den S. Fischer Verlag über die Nazizeit gerettet und für seine aufrechte Gesinnung mit KZ-Haft gebüßt hatte, und dem aus dem Exil zurückgekehrten Bermann Fischer, der sich mit seinem Lektor nicht verstand und diesen zum – jederzeit kündbaren – Verlagsberater degradieren wollte. Um einen Prozess zwischen zwei Verfolgten des Nazi-Regimes zu vermeiden, wurde es den Autoren anheimgestellt, sich für Fischer oder Suhrkamp zu entscheiden. Aber obwohl Hermann Hesse, Bertolt Brecht, Max Frisch und andere namhafte Dichter für Suhrkamp optierten, war das ökonomische Überleben des Verlags, der 1950 im Hinterzimmer eines Frankfurter Buchgrossisten debütierte, keineswegs sicher, und das westdeutsche Wirtschaftswunder führte nicht zu verstärkter Nachfrage nach anspruchsvoller Literatur. Hermann Hesse war der einzige Vorkriegs-Bestseller in Peter Suhrkamps Programm; Brecht war von seiner Kanonisierung als Klassiker noch weit entfernt, Benjamin und Adorno nur Eingeweihten bekannt, während Max Frisch erst durchgesetzt werden musste bei konservativen Kritikern, die T. S. Eliot und Rudolf Alexander Schröder bevorzugten. Der Zeitgeist der frühen fünfziger Jahre artikulierte sich anderswo: Die Werke von Kafka und Thomas Mann wurden bei S. Fischer verlegt, Sartre, Camus, Faulkner und Hemingway bei Rowohlt, die Romane von Heinrich Böll bei Kiepenheuer & Witsch.

Dass der Verlag sich durchgesetzt hat, lag nicht nur am persönlichen Charisma, mit dem Peter Suhrkamp Autoren an sich band, sondern auch an seinem durch die zwanziger Jahren geprägten pädagogischen Eros, der sich in der Gründung der *Bibliothek Suhrkamp* niederschlug, zusammen mit den zeitgleich entstandenen Bändchen von *rororo* die wichtigste Buchreihe der fünfziger Jahre.

1951 zog der Verlag aus seinem behelfsmäßigen Domizil im Büro des Grossisten Schleicher an den Schaumainkai und 1956 von dort an den Untermainkai, wo er bis 1963 logierte. In dieser Zeit wurden die Autoren der frühen Nachkriegsliteratur – Hans Erich Nossack, Wolfgang Koeppen, Günter Eich und andere – von einer neuen Generation abgelöst, die das Profil des Suhrkamp Verlags verändern sollte: Martin Walser, Hans Magnus Enzensberger, Uwe Johnson und Peter Weiss – in dieser Reihenfolge. 1959 hatte Siegfried Unseld die Nachfolge des nach langer Krankheit verstorbenen Peter Suhrkamp angetreten. Das Wachstum des Verlags lässt sich an immer größer werdenden Häusern ablesen: 1969 siedelte Suhrkamp vom Grüneburgweg in ein Bürogebäude in der Lindenstraße über – nicht zu verwechseln mit der gleichnamigen Fernsehserie. Der kastenförmige Bau lag in einer von Bäumen beschatteten Einbahnstraße des Frankfurter Westends, eingezwängt zwischen dem Bankhaus Löbbecke, im Dritten Reich Sitz der Gestapo, und dem sogenannten Allende-Haus, das Siegfried Unseld mit den durch den Bestseller von Isabel Allende erzielten Einnahmen erwarb. Gegenüber lag eine Imbissstube, rechts um die Ecke das legendäre Café Laumer, wo man den Verlagsmitarbeitern beim Mittagessen zuschauen konnte.

1969 wurde zum Schicksalsjahr, als streikende Studenten das Institut für Sozialforschung besetzten und barbusige junge Frauen dessen Direktor und Vordenker Theodor W. Adorno als Teddybär verspotteten. Die studentischen Kulturrevolutionäre waren Opfer ihrer Lektüre, jener bunten Bändchen der von Willy Fleckhaus gestalteten *edition suhrkamp*, die der Mao-Bibel zum Verwechseln ähnlich sah. Wie in Goethes Gedicht vom Zauberlehrling drohte der Zeitgeist von 1968, den Verlag wegzuschwemmen: Die Angestellten forderten Mitbestimmung und die Autoren solidarisierten sich – allen voran Enzensberger, während Peter Weiss »im Interesse der Weltrevolution« dem Verlagschef die Treue hielt. In einem beispiellosen Kraftakt setzte Unseld die tüchtigsten Lektoren der deutschsprachigen Literatur vor die Tür. Karl Markus Michel machte sich selbstständig mit dem von Enzensberger edierten *Kursbuch*, der Theaterlektor Karlheinz Braun gründete den erfolgreich arbeitenden Verlag der Autoren, und der Essayist Walter Boehlich zog sich in die private Gelehrtenexistenz zurück. Kurz danach machte der Wagenbach Verlag eine ähnliche Entwicklung durch, die nach anfänglicher Euphorie mit dem Rausschmiss des Kollektivs endete.

Das alles ist bekannt. Weniger bekannt ist, dass Siegfried Unseld Anfang 1968 nur knapp dem Tode entrann: Am 2. Januar kam er im Nebel von einer Skipiste ab und versank bis zum Hals im frisch gefallenen Schnee. »Am Sonnabend zuvor hatte er mit seinem Freund Martin (Walser) einen Disput gehabt, ob die Abfahrt rechts oder geradeaus führe, nun ja, Orientierung im Hochgebirge ist halt nicht Martins Sache, und Brillenträger haben es ohnehin schwerer, aber ihm kann, darf das nicht passieren, ausgerechnet ihm, der die Abfahrt wie seine Westentasche kennt«, schreibt Siegfried Unseld in einem Privatdruck für die Freunde des Verlags. »Keine Panik, kein Durchdrehen, kein Gehenlassen. Du gibst nicht auf. Bewegung ist alles, ist Leben.« Und er *schwimmt* durch den Pulverschnee, wie damals im Schwarzen Meer, zu einer eingeschneiten Skihütte, wo er, wie einst an Bord des Schnellboots, die steif gefrorenen Glieder am Ofen wärmt. Hätte Siegfried Unseld die Schutzhütte nicht erreicht, gäbe es den Suhrkamp Verlag womöglich nicht mehr.

Ich schreibe keine Romane mehr
Hausbesuch bei Marcel Reich-Ranicki

Ich war zu spät gekommen. Nicht fünf oder zehn Minuten, sondern ein halbes Jahrhundert zu spät. So viel Zeit war vergangen, seit ich ihm auf der Tagung der Gruppe 47 in Saulgau erstmals begegnet bin. Marcel Reich-Ranicki saß in der für Kritiker reservierten ersten Reihe und raufte sich sein damals noch dichtes Haar vor Entsetzen über den Text, den ich vortrug, eine Erzählung über eine archäologische Ausgrabung, die nichts zutage fördert. Erzählung ist zu hoch gegriffen: Es war die Parodie einer Kurzgeschichte, eine Slapstick-Komödie, wie Enzensberger und Grass anmerkten, keine Darstellung typischer Charaktere unter typischen Umständen, wie Georg Lukács und Reich-Ranicki sie von der Literatur verlangten. Aus dieser ideologisch verkürzten Sicht war Kafka ein Irrlicht, faszinierend zwar, aber doch ein Irrlicht, Thomas Mann dagegen ein Fixstern, der, wie im 116. Sonett von Shakespeare, steuerlos dahindriftenden Dichtern Orientierung bot.
Damals, Herbst 1963, war ich neunzehn und verabscheute Thomas Mann, der kurz zuvor noch mein literarisches Vorbild gewesen war, bevor Kafka ihn vom Thron stieß. Deshalb mochte ich Reich-Ranicki nicht,

dessen Ästhetik mich an Georg Lukács erinnerte, sozialistischer Realismus ohne das dazugehörige politische Programm, und dessen Verrisse namhafter Autoren mir unfair erschienen; aber auch seine Lobeshymnen zum Beispiel auf Thomas Bernhard gefielen mir nicht. Trotzdem empfand ich Sympathie für Reich-Ranicki, als ich 1968 erlebte, wie Thomas Bernhard ihn auf dem Podium der Akademie der Künste attackierte: »Mit Ihnen kann man über Erbsensuppe diskutieren, nicht über Literatur!«

Später trafen wir uns bei den Jurysitzungen der SWF-Bestenliste in Baden-Baden, wo Marcel Reich-Ranicki, von der *ZEIT* übergewechselt zur *FAZ*, mich zum Besuch des Spielcasinos ermunterte mit der Aufforderung, eine Kurzgeschichte über Roulette zu schreiben: »Seit Dostojewski hat niemand mehr das Thema behandelt.« Aus der Kurzgeschichte wurde nichts, denn ich verspielte das damals noch bar ausgezahlte Honorar. Dagegen schien die am Frühstückstisch ausgesprochene Einladung, eine Gedichtinterpretation zu schreiben, nur ein schwacher Trost, erwies sich aber als folgenreich: So wurde ich zum Mitarbeiter der inzwischen auf mehr als vierzig Bände angewachsenen *Frankfurter Anthologie*, die das Vorurteil widerlegt, Marcel Reich-Ranicki sei auf erzählende Prosa abonniert und habe mit Lyrik nichts im Sinn.

Und jetzt das. Jahrzehnte später sitzt er mir gegenüber auf dem Nappaledersofa einer Frankfurter Etagenwohnung, keine Gründerzeitvilla, wie ich vermutet hatte, sondern ein Neubau der sechziger Jahre, und winkt ab wie ein erfolgsgewohnter Dirigent, der dem Applaus Einhalt gebietet, als ich meine Wertschätzung zum Ausdruck bringe: Wertschätzung, jawohl, denn das Blatt hat sich gewendet, die Welt hat sich gedreht, und der Kritiker behielt recht mit seinen Plädoyers für gut erzählte Geschichten, weil er sich primär als Anwalt der Leser, und erst in zweiter Linie als Freund der Autoren verstand. Sein beharrliches Eintreten für literarische Qualität, für lesbare und leserfreundliche Literatur, nicht zu verwechseln mit kommerziellen Bestsellern, war verknüpft mit der Absage an verstiegene Experimente einer Avantgarde, die schon lange keine mehr war. Stimmt das? Nein, das stimmt so nicht. Es genügt, an dieser Stelle die Namen Javier Marías und Michel Houellebecq zu nennen als Beleg dafür, dass und wie die Neuerungen der Postmoderne in die Literatur eingingen, aufgehoben im Hegel'schen Sinn des Worts.

An diesem Punkt winkt Marcel Reich-Ranicki müde ab, denn er liest keine Neuerscheinungen mehr, nur noch Klassiker, am liebsten den Frankfurter Lokaldichter Goethe, wie er sagt, dessen in grünes Leinen gebundene Bände griffbereit im Regal stehen. Er habe mehr als genug zu tun, die täglich ins Haus gelieferten Zeitungen und Zeitschriften zu sichten, fügt er hinzu, und ich frage mich, ob die Erschöpfung des Jubilars von der Feier seines neunzigsten Geburtstags herrührt oder ob die Müdigkeit tiefere Ursachen hat.

Der junge Heine verglich den alten Goethe mit der festlich angestrahlten Ruine des Heidelberger Schlosses. Aber ich bin nicht Heine, und Marcel Reich-Ranicki kommt mir vor wie ein schlafender Drache, der früher Feuer spuckte, jetzt aber Orakelsprüche von sich gibt: die Mitteilung zum Beispiel, sein literarisches Gedächtnis sei nicht angeboren, sondern antrainiert, weil er, anders als seine Schulkameraden, Lessing und Schiller nicht als lästige Pflicht, sondern zum Vergnügen gelesen habe. Als wir auf das Berlin der dreißiger Jahre zu sprechen kommen, ist er plötzlich hellwach: Es stimme nicht, dass er in der Spichernstraße gewohnt habe, dort habe er nur kurz logiert bis zu seinem »Rausschmiss« aus Berlin. Vorher habe er in der Güntzelstraße 53 gewohnt, das Haus stehe noch, und das Fichte-Realgymnasium am Bayerischen Platz besucht, bevor die Nazis alle jüdischen Schüler relegiert hätten. Das Buch, dessen Lektüre ihn in seiner Jugend am tiefsten beeindruckte, war Anna Seghers' *Das siebte Kreuz*, während er mit den Romanen des damals populären Jakob Wassermann nicht viel anfangen konnte. Seine Vorliebe für Thomas Mann und Bertolt Brecht sei bekannt, sagt Reich-Ranicki. Unter deutschen Schriftstellern seiner Generation hat er verlässliche Freunde gefunden wie Wolfgang Koeppen und Siegfried Lenz, aber keinen Lieblingsautor und keinen Lieblingsfeind. Zu Martin Walser will er sich nicht äußern: Nach all dem, was der über ihn gesagt und geschrieben habe, sehe er zur Aussöhnung keinen Anlass und keinen Grund.

Reich-Ranicki wird noch einmal hellhörig, als wir auf dem Umweg über Dickens und Dostojewski, Balzac und Flaubert auf die Antike zu sprechen kommen.

Meine Annahme sei richtig, es sei nicht von der Hand zu weisen, dass die Literatur seit über zweitausend Jahren immer dieselben Geschichten erzählt, kreisend um Liebe und Tod, Sexualität und Gewalt, wobei letzteres Geschichte und Politik mit einschließt. Selbst ein so angestaubtes Konzept wie die Theorie der drei Einheiten – Einheit des Ortes, der Zeit und der Handlung – habe bis heute seine Gültigkeit bewahrt. Ob Dramen oder Romane, die gegen diese Regel verstoßen und in exotischen Welten, in einer fernen Vergangenheit oder Zukunft spielen, gelungen oder misslungen seien, wage er nicht zu entscheiden: Der Kritiker habe den Einzelfall zu prüfen – Aristoteles helfe dabei nicht weiter.

»Wie erklären Sie es«, frage ich Marcel Reich-Ranicki zum Schluss, »dass Sie früher heftig angefeindet, sogar gehasst wurden, während man Ihnen heute von allen Seiten Lob und Verehrung entgegenbringt?« Die Antwort ist einfach: »Seit ich keine Romane mehr schreibe, liebt man mich, denn von mir geht keine Gefahr mehr aus und ich tue niemandem weh, da ich mit dem Romanschreiben aufgehört habe. Pardon, ich meinte mit dem Verreißen von Romanen. Ich schreibe nur noch positive Kritiken, und wie man in den Wald hineinruft, so schallt es heraus!«

III. LITERATURGESCHICHTEN

Unter Palmen

1

»Es wandelt niemand ungestraft unter Palmen«, heißt es in Goethes *Wahlverwandtschaften*, »und die Gesinnungen ändern sich gewiss in einem Lande, wo Elefanten und Tiger zu Hause sind. Nur der Naturforscher ist verehrungswert, der uns das Fremdeste, Seltsamste mit seiner Lokalität, mit aller Nachbarschaft, jedes Mal in dem eigensten Elemente zu schildern und darzustellen weiß. Wie gern möchte ich nur einmal Humboldten erzählen hören.«

Die Passage gibt der Germanistik harte Nüsse zu knacken und ist in doppelter Hinsicht bedenkenswert: Einmal, weil hier im Kontext eines Romans, einer erfundenen Geschichte also, der Name einer realen Person auftaucht, Alexander von Humboldt, den Goethe persönlich gekannt und hoch geschätzt hat. Der Respekt war gegenseitig, denn bei mehr als einer Gelegenheit wies Humboldt darauf hin, wie viel er dem Umgang mit Goethe und dessen Naturanschauung verdankte: »In den Wäldern des Amazonenflusses, wie auf dem Rücken der hohen Anden, erkannte ich, wie von einem Hauche beseelt, nur ein Leben ausgegossen ist von Pol zu Pol ... Überall ward ich von dem Gefühle durchdrungen, (...) wie ich durch Goethes Naturansichten gehoben, gleichsam mit neuen Organen ausgerüstet worden war.«

Diese nach Humboldts Rückkehr aus Südamerika geschriebenen Sätze sind deutscher Idealismus pur, ein Echo der Weimarer Klassik bis in den Stilgestus hinein. Den zitierten Text aus den *Wahlverwandtschaften* aber legt Goethe seiner Romanheldin Ottilie in den Mund, die wie ihr Schöpfer Affen nicht mag, weil sie unvereinbar sind mit dem klassischen Menschenbild der Antike, und dunkelhäutige Menschen in ihr negatives Verdikt einschließt. Heute würden wir von Rassismus sprechen, und dazu passt, dass die zum geflügelten Wort gewordene Devise »ungestraft unter Palmen« nach der Reichsgründung als Warnung vor Kolonialbestrebungen missdeutet wurde. Das wiederum ergibt wenig Sinn, weil Goethe sich für Napoleons Ägyptenfeldzug begeisterte, den Humboldt als Naturforscher begleiten wollte, ehe es ihn nach Südamerika verschlug: Was militärisch als Fiasko endete, war wissenschaftlich eine Sensation – man denke nur an die Entzifferung der Hieroglyphen durch Champollion!

Zum Verständnis des eingangs zitierten Texts liegt es näher, die Bibel heranzuziehen, denn die in Oasen wachsende Dattelpalme ist der Baum des Paradieses, aus dem Gott Adam und Eva verstößt. So besehen verweist »ungestraft unter Palmen« auf die Tatsache, dass sich in jedem Paradies eine Schlange verbirgt: als Warnung vor der Tropennatur, deren Üppigkeit so maßlos war, wie die darin lauernde Gefahr unkalkulierbar erschien. »Von der Natur«, notiert Ottilie in ihr Tagebuch, »sollten wir nichts kennen, als was uns unmittelbar lebendig umgibt«, nur heimische Bäume, Blumen und Gräser seien »unsre echten Kompatrioten«. Dass der Autor der *Wahlverwandtschaften* nicht mit seiner Romanfigur identisch ist, zeigt sich allein schon daran, wie lebhaft Goethe Humboldts Reisebericht begrüßte und an dessen Forschungen Anteil nahm.

2

Ein Fichtenbaum steht einsam
Im Norden auf kahler Höh.
Ihn schläfert; mit weißer Decke
Umhüllen ihn Eis und Schnee.
Er träumt von einer Palme,
Die, fern im Morgenland,
Einsam und schweigend trauert
Auf brennender Felsenwand.

Das Gedicht aus Heines *Buch der Lieder* (1826/27) war einst so sprichwörtlich wie Goethes »ungestraft unter Palmen« und wurde ähnlich wie dieses auf Kolonialabenteuer bezogen. Die Liebe der Fichte zur Palme macht die erotische Dimension des Nordsüd-Gefälles sichtbar, dem sie als Subtext eingeschrieben ist. Von der Schäferinnendichtung des 18. Jahrhunderts (»entzückt werd ich sein, braunes Mädchen«) führt ein direkter Weg zu Gauguins Südsee-Gemälden und zum Sextourismus von heute. Dass Tahiti, wo junge Frauen sich umstandslos den Matrosen hingaben, kein Garten Eden war, sondern eine durch Inzesttabus geregelte, hierarchische Gesellschaft, fiel europäischen Seefahrern nicht auf. Exotik reimt sich auf Erotik, und nicht bloß Cook und Bougainville, Diderot und Forster trugen zur Legendenbildung bei, auch die Ethnologin Margaret Mead verklärte Samoa zum Paradies der freien Liebe, das es nie war.

Dass Heinrich Heine die Palme in den Orient verpflanzt, wo sie auf ihren aus der Kälte kommenden Erlöser wartet, lässt tief blicken, weil Palmen weder in Wüsten wachsen noch »auf brennender Felsenwand«, sondern am Ufer oder am Strand, wo die Meeresströmung keimende Kokosnüsse deponiert. »Dort wollen wir niedersinken / Unter dem Palmenbaum, / Und Liebe und Ruhe trinken, / Und träumen seligen Traum«, heißt es im *Buch der Lieder*, obwohl Palmen kaum Schatten spenden und ungeeignet sind zum Bepflanzen eines Grabes, wie Heine es sich wünschte. Seine Palmen sind Phantasiegebilde wie in Witzen oder Karikaturen von einsamen Inseln, wo die Palme statt Liebe und Frieden Schiffbruch signalisiert. Auf der Pazifikinsel Juan Fernández zum Beispiel, wo der Matrose Alexander Selkirk, das Vorbild von Defoes Robinson Crusoe, vier Jahre lang ausgesetzt war, wachsen keine Kokospalmen, weil das Klima subarktisch und Baden im eiskalten, wildbewegten Meer unmöglich ist. Nur aus dem fernen Peru angetriebene Chonta-Palmen gedeihen hier, die pfirsichartige Früchte tra-

gen. Ich weiß, wovon ich spreche, denn ich war kürzlich
dort.

3

Ihr sagt: »Was drückst du wiederum
Den Turban auf die schwarzen Haare?
Was hängst du wieder ernst und stumm
Im weidnen Korb am Dromedare?

Nur heute noch den Orient
Vertausche mit des Abends Landen;
Die Sonne sticht, die Wüste brennt!
O lasse nicht dein Lied versanden!«

O könnt ich folgen eurem Rat!
Doch düster durch versengte Halme
Wall ich der Wüste dürren Pfad:
Wächst in der Wüste nicht die Palme?

Die Fortschreibung von Heines Poem stammt von Freiligrath, der mit Wüstengedichten debütierte, inspiriert
von der Eroberung Algeriens durch Frankreich, so wie
Goethes *West-östlicher Divan* undenkbar ist ohne den
Ägyptenfeldzug Napoleons. Als Mitarbeiter von Marx'
Neuer Rheinischer Zeitung wurde Ferdinand Freiligrath
zum Herold der 1848er Revolution, und später, nach
seiner Heimkehr aus dem Exil, zum patriotischen
Barden, der die Reichsgründung begeistert begrüßte.

Rückblickend hat Freiligrath seine Jugendgedichte so erklärt: »Meine erste Phase, die Wüsten- und Löwenpoesie, war im Grunde auch nur revolutionär; es war die allerentschiedenste Opposition gegen die zahme Dichtung wie gegen die zahme Sozietät.« Die zitierten Verse stammen aus dem Gedicht *Meine Stoffe*, das den Übergang vom Exotismus zum politischen Zeitgeschehen thematisiert, und die Palme steht hier, wie die blaue Blume der Romantik, für ein utopisches Glücksversprechen.

Schon der kurze Blick in die Literaturgeschichte zeigt, wie vielfältig die Bedeutungen sind, die der Palme zugeschrieben wurden. Ich könnte auf Christian Morgensterns Palmström-Verse zu sprechen kommen oder auf Palmin, unverzichtbar für Kindergeburtstage mit dem Kekskuchen *Kalter Hund*. Doch statt an dieser Stelle Joseph Beuys zu zitieren, erteile ich noch einmal einem Dichter das Wort: »Die Palme ist der Dandy unter den Bäumen, kräftig, wie eine den Himmel peitschende Reitgerte«, schreibt Wolf Wondratschek. »Kein Baum strebt so direkt, so elegant hinauf – und scheitert dann so geschmeidig.«

Peter Schlemihls letzte Reise

1

Nach der Entlassung aus dem Schlemihlium zog ich meine Siebenmeilenstiefel an, die der treue Bendel während meiner Rekonvaleszenz auf Hochglanz poliert hatte, schlang mir eine Botanisiertrommel um den Hals, gefüllt mit Moosen und Flechten, deren geographische Herkunft mir entfallen ist – stammten sie aus Grönland oder Feuerland? –, schlüpfte in die abgewetzte Kurtka, deren Pelzbesatz die gute Minna gegen den Strich gebürstet und mit Mottenkugeln vor Schädlingen geschützt hatte, und ging auf Reisen. So weit meine Siebenmeilenstiefel mich trugen, untersuchte ich die Gestaltung der Erde, maß ihre Höhen und Tiefen, registrierte die Ausschläge der Magnetnadel, Luftdruck und Temperatur der Atmosphäre und lernte das Pflanzen- und Tierreich besser kennen als Alexander von Humboldt. Die Beschaffenheit der nördlichen und südlichen Eiskappen, der Steppen Asiens und der Wüsten Afrikas habe ich gründlich studiert, die Tatsachen in klarer Ordnung aufgestellt und meine Ansichten der Natur in Schriften dargelegt, die jeder Interessierte nachlesen kann.

Um den Lauf der Siebenmeilenstiefel zu hemmen, die mich in Windeseile von Pol zu Pol und rund um den Äquator führten, streifte ich mir Filzpantoffeln über und landete am Ufer des Rio Magdalena, wo ich einen Raddampfer bestieg, der mich ins Landesinnere von Kolumbien beförderte. Simón Bolívar persönlich hatte dem Hamburger Reeder Elbers die Konzession erteilt, und der Kapitän der *Fidelidad*, Johann Elbers senior, war genauso alt wie sein Schiff, das seit 1823 den Rio Magdalena befuhr. Dem entsprach der Service: Ich trank Flusswasser, das besser schmeckte als das am Kapitänstisch servierte brühwarme Bier, und außer einem Indio, der schnarchend auf einer Taurolle lag, war ich der einzige Passagier. »Gehen Sie nicht in Mompóx von Bord«, sagte Kapitän Elbers mit sardonischem Lächeln – ich weiß nicht, was sardonisch bedeutet, aber ich benutze das Wort trotzdem: »Mompóx ist ein gefährliches Pflaster. Wer den Fuß dorthin setzt, kommt nie wieder weg!«

Ich war vorgewarnt, doch ich schlug den guten Rat in den Wind und staunte nicht schlecht, als ich beim Verlassen der Gangway ein Ladenschild las mit einem Werbespruch, dessen Sinn und Zweck ich trotz angestrengten Nachdenkens nicht erriet. VENTA Y COMPRA DE MINUTOS – An- und Verkauf von Minuten – stand in Krakelschrift über der Tür eines mit Gerümpel gefüllten Hangars, aus dessen Innerem mir der Schrotthändler zuwinkte, ein hagerer Typ im grauen Overall, der mir fremd und gleichzeitig vertraut vorkam, ohne dass ich hätte sagen können, woher. Ich weiß nicht, ob es die windschiefe Bretterbude war oder der unstete Blick seiner stechenden Augen, aufdringlich und unterwürfig zugleich, der vage Erinnerungen in mir weckte.

»Stets zu Ihren Diensten«, höhnte der Typ in altfränkisch klingendem Deutsch, in das er aus der Mode gekommene Floskeln einflocht wie Euer Gnaden und Hochwohlgeboren: »Wünschen der Herr vielleicht, Wechselpfennige, Raubtaler oder Galgenmännlein zu kaufen? Darf es ein Rubbellos oder ein Glückskeks sein?« – »Behalten Sie den Krempel für sich. Woher wissen Sie, dass ich Ihr Landsmann bin?« – »Nichts leichter als das! Als Altwarenhändler habe ich gelernt, meine Kunden in Sekundenschnelle richtig zu taxieren. Möchten Sie mit Ihrer Braut sprechen?«

Er öffnete seinen Overall, und unter dem Kittel kamen gekreuzte Munitionsgurte zum Vorschein, wie sie mexikanische Banditen tragen, statt mit Patronen mit Mobiltelefonen gespickt, die auf Deutsch Handys, auf Spanisch aber *celulares* heißen.

»Probieren Sie dieses hier. Ein Versuch kostet nichts. Wen darf ich melden?« Er wählte eine Nummer und deckte mit der Hand den Hörer ab, während ich ihm meinen Namen nannte – nicht meinen Taufnamen aus dem Kirchenregister, sondern die laufende Nummer, unter der ich im Schlemihlium als Patient geführt wurde.

»Numero zwölf wünscht Sie zu sprechen. Einen Moment bitte!«

Der Graue reichte mir das Handy, und ich fiel aus allen

Wolken, als ich die Stimme meines treuen Dieners Bendel vernahm, der wissen wollte, in welchem Teil der Welt ich mich aufhielt und warum ich ihm weder eine Postkarte noch eine SMS von dort geschickt hätte. Bendel gab den Telefonhörer an Minna weiter, die kein Wort herausbrachte und hemmungslos zu schluchzen begann. Ihr Weinen rührte mich zu Tränen, und im entscheidenden Moment verlor ich meine Urteilskraft.

»Was kostet der Spaß?«

»Der erste Anruf ist gratis. Ich dachte, das hätte ich Ihnen gesagt.«

»Und danach?«

»Sie telefonieren in alle Netze, weltweit und unbegrenzt. Ein supergünstiger Tarif, aber Sie müssen schnell zugreifen!«

»Und die Gegenleistung?«

»Ist praktisch gleich null. Die Redezeit wird jedes Monatsende von ihrem Konto abgebucht.«

»In welcher Währung?«

Mir schwante Böses, denn die *Financial Times* hatte erst kürzlich vor Spekulanten gewarnt, die nicht nur private Anleger, sondern ganze Volkswirtschaften in den Ruin trieben.

»Keine Sorge. Sie zahlen in Minuten und Sekunden. Im Zweifelsfall runden wir ab.«

»Topp – der Handel gilt!«

Ich gab ihm die Hand, und der Gebrauchtwarenhändler überreichte mir ein giftgrünes Futteral, passend zu dem purpurroten Handy, das wie ein Colt im Halfter steckte. Er wandte sich ab und kicherte hinter vorgehaltener Hand.

Im Nachhinein kamen mir Zweifel, und ich fragte ihn, von welchem Konto die Redezeit abgebucht werde.

»Von Ihrem Zweitkonto. Verzeihen Sie den Versprecher, vom Zeitkonto.«

»Was soll das heißen?«

»Von Ihrer Lebenszeit, wovon sonst? Aber keine Sorge: Angenommen, Sie telefonieren jeden Tag zehn Minuten lang mit Minna, so macht das gerade mal 3650 Minuten im Jahr« – er tippte die Zahl in seinen Taschenrechner – »also sechzig Stunden und fünfzig Minuten: Eine lächerlich kleine Zeitspanne, wenn man die gestiegene Lebenserwartung bedenkt!«

»Macht etwa fünfundzwanzig Tage in zehn Jahren«, sagte ich, die Rechnung im Kopf überschlagend, denn anders als die Nachgeborenen hatte ich das kleine und große Einmaleins in der Schule gelernt: »Die gestiegene Lebenserwartung wird durch Telefonieren wettgemacht, die verlängerte Lebenszeit buchstäblich vertelefoniert.«

»Was wollen Ew. Hochwohlgeboren damit sagen?«

»Ich steige aus dem Geschäft aus!«

»Zu spät!«

Der fliegende Händler wies auf die kleingedruckten Klauseln eines Vertrags, den er aus dem Futteral des Handys hervorzog und umständlich vor meinen Augen entfaltete.

»Das habe ich weder gelesen noch unterschrieben!«

»Sie irren sich!«

Am unteren Rand der Seite stand eine verwischte Unterschrift, neben einem Tintenklecks, bei dem es sich, wie ich bei näherem Hinsehen erkannte, um einen Blutfleck handelte. Dabei fiel mir ein, dass ich mir an einem Schiffsnagel den Finger geritzt hatte, bevor ich dem Fremden die Hand gab, der kein Schrotthändler, sondern ein Seelenverkäufer war. Kein Zweifel, der Vertrag war rechtsgültig, die Unterschrift echt, und Grauen befiel mich beim Anblick des Grauen, der grinsend vor mir stand und mich durchbohrte mit Blicken, die wie glühende Kohlen in seinem Gesicht loderten. Es fiel mir wie Schuppen von den Augen, und ich erinnerte mich an den Garten des Landhauses von Sir Thomas John, wo er sich, hinter Rosenbüschen hervortretend, an meine Fersen geheftet hatte.

Apropos Schatten: Habe ich schon erwähnt, dass und wie es meinem Diener Bendel gelang, meinen Schatten zurückzuholen, den ich in einer schwachen Stunde einem fliegenden Händler abgetreten und für einen Spottpreis überlassen hatte? Ich habe den rechtschaffenen Bendel nie danach gefragt, auf welch krummen Wegen er es schaffte, dem neuen Besitzer meinen Schatten abzuluchsen. Was ich nicht weiß, macht mich nicht heiß, und statt unnütze Gedanken zu wälzen, erfreute ich mich am Anblick des Schattens, der mir, obwohl leicht ramponiert, wie früher auf Schritt und Tritt folgte. Die Knicke, an denen der Händler ihn hochgehoben und zusammengefaltet hatte, bevor er ihn in einem Futteral verschwinden ließ, das dem, in welchem mein Handy steckte, zum Verwechseln ähnlich sah – die Knicke waren deutlich zu erkennen, und an der Stelle, wo Bendel dem Dieb einen Messerstich versetzt hatte, klaffte ein Loch, das bei auf der Nordhalbkugel herrschendem, trüben Wetter nicht auffiel, in Äquatornähe aber sofort ins Auge sprang.

2

Die auf einer Flussinsel gelegene Stadt Mompóx ist in Wahrheit ein Dorf, das mit vollem Namen Santa Cruz de Mompóx heißt und trotz seiner geringen Einwohnerzahl zehn Kirchen beherbergt, in deren kühler Dämmerung die Kirchgänger Zuflucht suchen vor Schwärmen von Moskitos, die aus den umliegenden Sümpfen aufsteigen und sich mit freudigem Gesumm auf jeden Reisenden stürzen, den es in das elende Kaff verschlägt. Mompóx ist berühmt für seine Schaukelstühle, auf denen die Einheimischen träge wippend eine endlose Siesta verbringen, die von Sonnenaufgang bis Sonnenuntergang dauert. Ich tat es ihnen nach und bettete mich in eine Hängematte, unter den ausladenden Ästen eines Gummibaums, dessen lederartiges Laub den Patio beschattete, ein mit Rum gefülltes Glas in der linken und eine Zigarre in der rechten Hand, deren schwelender Qualm die Moskitos vertrieb, um nachzudenken über mein verpfuschtes Leben. Doña Manuela, die Dueña der gleichnamigen Posada, hatte mir zusammen mit dem Rum eine Schale Eiswürfel gebracht, und ich war dabei, eine Limone auszupressen, als das Handy in meiner Hosentasche vibrierte. »Verzeihen Sie die Störung«, sagte eine belegte Stimme, die mir trotz der großen Entfernung bekannt vorkam, »hier spricht der Pförtner des Schlemihliums.«

Wie stets war der treue Bendel am Apparat und gab das Telefon kommentarlos an Minna weiter, die am anderen Ende der Leitung zu schluchzen begann, so lange, bis ich, so schonend wie möglich, durch Drücken der roten Taste das Gespräch beendete. Das Ritual wiederholte sich mehrmals am Tag, und um mein Zeitkonto nicht zu überziehen, lud ich das Handy nur selten auf und baute, als auch das nichts nutzte, die Chipkarte aus. Kaum aber hatte ich das Gerät wieder funktionstüchtig gemacht, vibrierte es erneut in meiner Hosentasche, und Bendel meldete sich zurück mit einem diskreten, aber durchdringenden Klingelton. Ich hatte den Grauen im Verdacht, mir diesen Streich zu spielen, um sich für den Verlust des Schattens zu rächen, aber nur die Stimme meines Bedienten war zu hören, gefolgt vom Schluchzen meiner verlassenen Braut.

Diesmal war alles anders: Eine Frau rief lauthals um Hilfe, und ich zuckte zurück vor der Detonation, die wie ein Peitschenknall oder ein Pistolenschuss aus dem Handy schallte. Schmerzensschreie waren zu hören, dann Stöhnen, als werde jemand gefesselt, und eine barsche Männerstimme befahl der Wehrlosen, ruhig zu bleiben, wenn ihr das Leben lieb sei. Und um der Drohung Nachdruck zu verleihen, ging ein Schwall von Flüchen auf die hilflos am Boden liegende Person nieder. Kein Zweifel – die obszöne Wortwahl und vulgäre Intonation wiesen auf meinen Rivalen Rascal hin, einen ausgemachten Schurken, der Minna vergeblich den Hof gemacht und versucht hatte, ihr Gewalt anzutun, als sie seinen Heiratsantrag ablehnte. Ihr Widerstand wurde schwächer, und Rascals keuchender Atem signalisierte, dass er dem Ziel seiner Wünsche nahe und im Begriff war, seine animalischen Begierden zu befriedigen. In der Not wusste ich mir nicht anders zu helfen, als die Geheimnummer zu wählen, die der Graue auf die Rückseite des Mietvertrags gekritzelt hatte, gekoppelt mit der Ermahnung, nur in dringenden Fällen von der Nummer Gebrauch zu machen. Dies war ein dringender Fall, und wer beschreibt mein Erstaunen, als der Gesuchte lautlos, wie ein Python oder eine Boa Constrictor, den Stamm des Gummibaums herabglitt und mich mit gezogenem Hut und devoter Verbeugung begrüßte.

»Stets zu Dero Diensten«, sagte der Graue, nachdem ich ihm die Gefahr geschildert hatte, in die Minna durch mein Fernbleiben und durch Rascals Zudringlichkeit geraten war. »Die Selbstbezichtigung können Sie sich sparen, denn an der Notlage, in der sie sich befindet, ist Minna selbst schuld. Ihre Verlobte hat es nicht anders gewollt. Hier – sehen Sie selbst!«

Er setzte sein Foto-Handy in Gang, und ich traute meinen Augen nicht, als ich Minna auf dem Display erblickte, in leidenschaftlicher Umarmung mit dem Schurken Rascal, in dessen wie ein Fell behaarte Brust sie ihre schneeweißen Zähne grub. Schlimmer noch: Minna stöhnte vor Lust und schien die Fausthiebe zu genießen, die der Unhold auf sie niederprasseln ließ. Ich hatte genug gesehen, wurde erst rot vor Scham, dann blass vor Wut, und zwischen dem Grauen und mir entspann sich folgender Dialog.

Ich: Du lenkst mich ab mit abgeschmackten Tricks und wirfst meine Braut einem andern vor.

Er: Es passiert nicht zum ersten Mal!

Ich: Nicht zum ersten Mal? Mich wühlt es auf bis ins Mark, während es dir nur ein Grinsen entlockt. Rette sie!

Er: Wer hat sie ins Verderben gestürzt – du oder ich?

Ich: Bring mich sofort zu ihr!

Er: Niemand kann ungeschehen machen, was geschieht.

Ich: Hast du dich mir aufgedrängt, oder ich mich dir?

Damit endete das Gespräch zwischen dem Grauen und mir, mein Handy klingelte, und der ungebetene Besucher löste sich in Luft auf.

Bendel war am Apparat und murmelte mit tränenerstickter Stimme, dass Minna die Trennung nicht verkraftet habe und aus Kummer über mein Fernbleiben verstorben sei.

3

Von Trauer und Schmerz überwältigt, fiel ich auf die Knie und haderte mit meinem Geschick. Nein, ich haderte nicht, ich zürnte Gott und der Welt, am meisten aber mir selbst, dass ich Minna so schmählich im Stich gelassen hatte. In dieser ausweglosen Lage, während ich mit widerstreitenden Gefühlen rang, stand die Zukunft plötzlich klar vor mir. Durch frühe Schuld aus der menschlichen Gemeinschaft verbannt, wurde die Natur, die ich stets geliebt hatte, zu meinem Vater- und Mutterersatz und ich fasste einen schwerwiegenden Entschluss. Ich streifte die Siebenmeilenstiefel ab, stopfte das Teufelszeug in den Mülleimer, schmiss das Handy hinterher und sah mit Erstaunen, als ich aus dem Laubengang in die Sonne trat, dass ich einen wohlproportionierten Schatten warf, ohne hässliche Knicke und ohne das Loch, das Bendels Dolch gerissen hatte.

Ich beschloss zu schreiben und zog mich nach Villa de Leyva zurück, eine Sommerfrische unweit von Bogotá, wo ich, rauchende Vulkane vor Augen, die Geschichte meines Lebens zu Papier brachte: von der glücklichen Kindheit auf Schloss Boncourt über meine Zeit als Page am Hof der Königin Luise und den Wehrdienst im preußischen Heer bis zur Weltumseglung an Bord der Fregatte *Rurik*; und von der ersten Bekanntschaft mit dem Grauen in Portsmouth über den Verlust und die Wiedergewinnung meines Schattens bis zur Ankunft in Mompóx.

»Die wir dem Schatten *Wesen* sonst verliehen / Sehn Wesen jetzt als *Schatten* sich verziehen.«

Mit diesem Vers, der wie ein Epilog oder ein Epitaph meine Lebensgeschichte zusammenfasst, wollte ich mein Manuskript beenden, als ein Schatten über die Seite fiel. Ich blickte vom Schreibtisch auf und sah, als ich mich erschrocken umwandte, den Grauen vor oder vielmehr hinter mir stehen. Er zog den Hut, machte einen Bückling und erklärte mit süßsaurem Lächeln, die mir zugemessene Zeit sei abgelaufen. Zum Beweis wedelte er mit einem vergilbten Vertrag, den er, ohne mich um Erlaubnis zu bitten, vor mir ausbreitete, und setzte hinzu, dass er gekommen sei, um den verdienten Lohn abzuholen.

»Und worin bestünde der?« – »In deiner Seele.«

»Alles schön und gut«, sagte ich, ohne mich bei Formfragen aufzuhalten – bei unserer letzten Begegnung hatte mich der Graue geduzt, »aber ich brauche ein bis zwei Tage, um mein Manuskript zu beenden!«

»Das ist leider nicht möglich!«

»Ein bis zwei Stunden würden genügen.« – »Nicht möglich!«

»Das Gedicht ist der Schlussstein meiner Geschichte. Sein Fehlen hinterlässt eine schmerzliche Lücke.« – »Unmöglich!«

»Haben Sie ein Einsehen! Anderthalb Minuten sind genug!« – »Nevermore!«

Ich weiß nicht, warum der Graue Englisch mit mir sprach, weiß nur noch, dass er mich an den Haaren in die Höhe hob und dass ich das Schlemihlium plötzlich von oben sah. Unter der Decke schwebend wie ein Barockengel, schaute ich herab auf das Krankenbett, in dem ich ausgestreckt lag, im Nachthemd mit schütterem Bart. Am Kopfende brannten Kerzen, vor einer Marmortafel mit der in Goldfarbe eingravierten Zahl *Numero zwölf*. Minna saß weinend an meinem Bett, und Bendel fühlte mir den Puls. Er schüttelte stumm den

Kopf, Minna blies die Kerzen aus und drückte mir die Augenlider zu. Sie legte ihr tränenüberströmtes Gesicht an seine Brust, während Bendel den Arm um sie schlang und sie zärtlich an sich zog. Das ist meine letzte Erinnerung.

Bei Betrachtung von Schillers Schädel

1

Am 17. März 1826 kurz vor Mitternacht stieg der Bürgermeister von Weimar in die Gruft des Kassengewölbes hinab, um die sterblichen Überreste Friedrich Schillers zu bergen, der einundzwanzig Jahre zuvor hier bestattet worden war. Carl Leberecht Schwabe hatte als Sargträger an der Beisetzung teilgenommen, als Schiller am 9. Mai 1805 nach schwerer Krankheit verstarb. Da die von Ärzten geöffnete Leiche bereits in Verwesung überging, fand die eilig angesetzte Bestattung nach Einbruch der Dunkelheit statt, wie es dem Wunsch der um Diskretion bemühten Witwe entsprach. Zu diesem Zeitpunkt war Carl Leberecht Schwabe noch Kommissionssekretär, im März 1826 aber, als er ins Kassengewölbe eindrang, um Schillers Schädel zu finden, war er Bürgermeister der Stadt und schuldete außer dem obersten Dienstherrn niemandem Rechenschaft. Herzog Karl August, der Goethe an den Weimarer Hof gezogen hatte und Schiller als Professor nach Jena berief, hatte ihm nahegelegt, alles in seiner Macht Stehende zu tun, um die Peinlichkeit zu beenden, dass durchreisende Fremde statt einer würdigen Grabstätte nur Moder und Fäulnis anträfen: ein unhaltbarer Zustand, der die Presse zu Spekulationen verführte, Karl August oder sein Mitstreiter Goethe hätten Schiller vergiftet und das *corpus delicti* beiseitegeschafft.

Um Schaden abzuwenden vom regierenden Fürsten und vom Gedenken des großen Toten, entschied sich Schwabe, auf eigene Faust zu handeln: Unter strenger Geheimhaltung, nur begleitet von Schillers Leibdiener Rudolph, der ihm helfen sollte, die sterbliche Hülle zu identifizieren, entriegelte er das Tor zum Kassengewölbe, aus dem ihm eisiger Wind entgegenschlug, so dass die im Luftzug flackernde Fackel erlosch. Schon flüchtiger Augenschein bestätigte den Befund, den die amtliche Begehung der Gruft am Tag zuvor erbracht hatte: Das Durcheinander von morschen Brettern und morden Knochen, Schädeln ohne Unterkiefer, Rücken- und Lendenwirbeln machte es unmöglich, einzelne Skelettteile bestimmten Personen zuzuordnen, zumal weder Schwabe noch Rudolph sich erinnerten, ob Schillers Sarg mit einem Namensschild versehen und aus was für Holz er gezimmert war.

Um den Verwesungsgeruch zu vertreiben, zündete Schwabe eine Tabakspfeife an und befahl Schillers Bedientem, zwei Dutzend halbwegs intakte Schädel in einen Sack zu stecken, den Rudolph schulterte und durch nachtdunkle Gassen zum Haus des Bürgermeisters trug. Dort wurden die Totenköpfe mit Lappen gesäubert und auf einem Gabentisch aufgereiht, wo sonst Weihnachts- oder Geburtstagsgeschenke auslagen: eine

Bescherung besonderer Art, zu der sich außer Rudolph der Oberbaumeister Coudray und der Registrator Stötzer einfanden – eine Erkältung vorschützend, hatte Goethe sich von der Teilnahme dispensiert.

Carl Leberecht Schwabe war ein Mann in den besten Jahren. In seiner Jugend hatte er Schiller persönlich gekannt und verehrungsvoll zu ihm aufgeblickt. Er wusste aus eigener Erfahrung, dass die Beisetzung des Dichters keine Nacht- und Nebelaktion gewesen und dass Schiller nicht wie ein Verbrecher verscharrt worden war: Anders als von üblen Nachrednern kolportiert, war das Kassengewölbe kein Schindanger, sondern eine standesgemäße Ruhestätte für Adlige, die keine Familiengruft besaßen; als Hofrat hatte Schiller das Recht, hier beigesetzt zu werden so lange, bis seine Witwe eine letzte Ruhestätte für sich und ihren Mann erwarb. Trotzdem war Eile geboten, da wegen drohender Überfüllung nur wenig Platz zur Verfügung stand. Aus Hygienegründen war Schwabe für die Anlage eines neuen Friedhofs außerhalb der Stadt eingetreten und rechtfertigte seine Eigenmächtigkeit damit, dass er dem Totengräber zuvorkommen wollte, der alle fünfzehn Jahre Sargtrümmer und Knochenreste wegräumte und in einer Baugrube entsorgte. Hätte Schwabe die Kirchenbehörde um Erlaubnis gebeten, hätte er die nicht bekommen, weil der Oberkonsistorialrat den bürgerlichen Geniekult ebenso ablehnte wie die katholische Reliquienverehrung und beides für Mummenschanz oder Grabschändung hielt.

Trotzdem ließ alles sich gut an. Nicht bloß Schwabe

und Rudolph, auch die Freunde des Verstorbenen erklärten übereinstimmend, nur eines der Exponate käme in Betracht, was nach gründlicher Reinigung und Vermessung des Schädels alle Befragten bejahten. Als Beweis für die Echtheit diente die in Schwabes Besitz befindliche Totenmaske sowie ein zu Lebzeiten Schillers gemaltes Porträt, das man zum Vergleich heranzog.

2

Goethe war müde. Obwohl er als Student in Straßburg Leichenöffnungen mitangesehen hatte, um sich gegen den Schauder des Todes zu wappnen, hatte er auf seiner Italienreise Krypten und Katakomben gemieden und bei Schillers Beisetzung ebenso durch Abwesenheit geglänzt wie bei der Beerdigung seiner Frau. Goethe ging der Konfrontation mit Krankheit und Tod aus dem Weg; er hatte die Stadtverwaltung gebeten, keine Leichenzüge an seinem Haus vorbeiziehen zu lassen, und die Auffindung von Schillers Schädel hatte ihn heftiger angegriffen, als er sich eingestand. Insgeheim missbilligte er die Suche nach Überresten des verstorbenen Freundes, aber der Wunsch des Herzogs war ihm Befehl, und als gewiefter Hofmann machte er gute Miene zum bösen Spiel.

Hinzu kam vielfacher Verdruss, der sich im Frühjahr 1826 zu einer Gewitterwolke ballte: Goethe hatte eben erst eine schmerzhafte Ohrentzündung überstanden, als man ihm meldete, seine Ex-Geliebte Charlotte von Stein liege krank darnieder und werde den Sommer nicht überleben. Seine Schwiegertochter Ottilie hatte einen Reitunfall, der ihr Gesicht dermaßen entstellte, dass Goethe sich ihre Besuche verbat. Schillers Sohn Ernst meldete Geldforderungen an in der Hoffnung, der von Cotta angekündigte Briefwechsel der Dioskuren werde reißenden Absatz finden. Goethes Wunsch, die Briefe stilistisch zu glätten und private Anspielungen zu tilgen, wurde als Ausweichmanöver abgetan und es hieß hinter vorgehaltener Hand, Schillers Sohn Ernst habe ihn als falschen Fuffziger bezeichnet, der die Nachkommen des Dichters darben lasse, während er selbst im Luxus lebe. Und als sei das nicht genug, organisierten Jenenser Studenten einen Fackelzug, in dem Schiller als Genius gefeiert und Goethe als Fürstenknecht verunglimpft wurde.

Dazu kam der zur Gewissheit werdende Verdacht, dass Schillers Nachruhm den seinigen an Strahlkraft übertraf und sein Lebenswerk verdunkeln werde. Das lag weniger an Schillers Poesie, über die man hinter vorgehaltener Hand spöttelte, als an den politischen Zeitläuften, die Schiller zum Nationaldichter machten, während Goethe als kalter Höfling galt, den die patriotisch gesinnte Jugend verachtete.

Trotzdem schickte er sich in das Unvermeidliche und diktierte seinem Sohn August eine Festansprache, die er eigenhändig korrigierte, bevor er nach Bad Berka aufbrach, um sich allen Zumutungen zu entziehen.

Am Sonntag, dem 17. September 1826, übergab Ernst
von Schiller in der großherzoglichen Bibliothek den
in Samt gewickelten Schädel seines Vaters an Goethes
Sohn August, der die Reliquie in einem Sockel mit der
Marmorbüste des Verstorbenen deponierte. Schräg gegenüber stand Goethes Büste auf einem Podest, dazu
bestimmt, dereinst seinen Schädel aufzunehmen, wie
die zu dem Festakt geladenen Gäste erfuhren. Beide, so
hieß es, hätten im Leben erst spät zueinander gefunden, würden aber im Tode miteinander vereint.

»Der Schlüssel zu diesem Behältnis«, mit dieser An-
kündigung beendete August von Goethe seine Anspra-
che, »soll in den Händen der Oberaufsicht verbleiben
und nur Personen die Anschauung des Verwahrten ge-
stattet sein, bei denen vorausgesetzt werden kann, dass
nicht Neugier ihre Schritte leite, sondern die Erkenntnis, was der große Mann für Deutschland, für Europa,
für die Welt geleistet hat.« Am Ende der mit Applaus
bedachten Rede äußerte er die Hoffnung, dass die
»außer diesem teuren Haupt vorhandenen Reste des
zu früh Geschiedenen eine passende Grabstätte finden
möchten, worüber mein Vater seine Gesinnungen zu
eröffnen sich vorbehält«.

Froh, sich der Aufgabe entledigt zu haben, überreichte
er den Schlüssel Oberbaumeister Coudray, der ihn an
den Registrator Stötzer weitergab; der wiederum hin-
terlegte den Schlüssel, zusammen mit einem von den
Anwesenden unterzeichneten Protokoll, im Haus am

Frauenplan, wo Goethe ihn bei der Rückkehr aus Bad Berka vorfand.

4

Schillers in Bonn verstorbene Witwe wurde auf dem dortigen Friedhof beigesetzt, so dass mit der Anlage eines Familiengrabs nicht mehr zu rechnen war. »Der Umgang mit Exuvien hat immer etwas Apprehensives«, hatte Goethe seinem Freund Riemer erklärt, aber weder sein Sohn noch sein Sekretär waren eingeweiht, als er am 18. September 1826 den Bibliothekar Kräuter bat, die Konsole aufzuschließen, um Schillers Schädel persönlich in Augenschein zu nehmen.

Goethes poetische Produktion hatte vorübergehend gestockt, und die Helena-Episode im zweiten Teil des *Faust* ging ihm schwer von der Hand, obwohl die Vorarbeiten dazu längst abgeschlossen waren. Insgeheim gab Goethe Schillers Schädel die Schuld am Versiegen seiner Inspiration, denn sein bester Freund war zugleich sein gefährlichster Rivale gewesen. Aber alle Bedenken verflogen, als er die Reliquie enthüllte und, ans Fenster tretend, im Schein der Morgensonne betrachtete.

Wir wissen nicht, was Goethe in diesem Augenblick gedacht oder gefühlt haben mag, aber er war sich sicher, Schillers Haupt in den Händen zu halten. Kein Wunder, denn der mit Wachs eingeriebene, auf Hochglanz polierte Totenkopf entsprach in jeder Hinsicht dem, was Phrenologen wie Blumenbach und Gall postulierten: dass das Genie eines Menschen an der Schädelform ablesbar sei. Ein Dentist hatte den fehlenden Unterkiefer durch ein Gebiss aus dem Kassengewölbe ersetzt und eine im Oberkiefer klaffende Lücke geschlossen, aber Goethe zweifelte nicht an der Echtheit des Kopfes, wie sein Gedicht *Bei Betrachtung von Schillers Schädel* bezeugt; dass der Titel von Eckermann stammt, steht auf einem anderen Blatt. Das zu Recht berühmte Gedicht beginnt mit den Versen: »Im ernsten Beinhaus war's, wo ich beschaute / Wie Schädel Schädeln angeordnet passten«, obwohl Goethe das Kassengewölbe nie betreten hatte. Und es endet mit einem Vierzeiler, der, an Spinoza anknüpfend, auf Darwin vorausweist: »Was kann der Mensch im Leben mehr gewinnen / Als dass sich Gott-Natur ihm offenbare / Wie sie das Feste lässt zu Geist verrinnen / Wie sie das Geisterzeugte fest bewahre.«

Auf Goethes Wunsch wurde Schillers Schädel in das Haus am Frauenplan verbracht und dort im Schreibpult aufbewahrt; außer dem zum Schweigen verpflichteten Bibliothekar wurde niemand über die Transaktion informiert. Im Lauf der Nacht vollendete Goethe das am Vortag konzipierte Poem. Mit Blick auf Schillers Schädel nahm er *Faust II* wieder vor und dichtete, ohne zu stocken, die Helena-Episode, deren Fortsetzung und Schluss der verstorbene Freund ihm in die Feder diktierte. Die Verwandtschaft der Tragödie mit dem oben erwähnten Gedicht zeigt sich schon daran, dass Goethe von Dante entlehnte Terzinen benutzte, die er nie wieder aufgegriffen hat, und Fausts Erwachen aus langem Schlaf in Versen schildert, die an das Beinhaus-Poem erinnern: »Des Lebens Fackel wollten wir entzünden, / Ein Feuermeer umschlingt uns, welch ein Feuer! / Ist's Lieb? Ist's Hass? Die glühend uns umwinden« …

Kurz vor Jahresende, am 29. Dezember 1826, empfing Goethe den Besuch Wilhelm von Humboldts und las ihm Szenen aus dem Helena-Akt vor. Um den Kreis von Geburt und Tod zu schließen, erklärte er, habe er ursprünglich geplant, aus Helenas Verbindung mit Faust Schiller hervorgehen zu lassen. Doch nach reiflicher Überlegung beschloss er, Schiller durch Byron zu ersetzen. Humboldt war konsterniert, und als Goethe sein Befremden bemerkte, klappte er sein Schreibpult auf und zog mit der Auflage, niemandem davon zu erzählen, Schillers Schädel aus der Konsole. Goethes Bedienter hatte Ausgang, und Humboldt drehte das kostbare Relikt im Kerzenlicht hin und her, bevor er tief bewegt, ja erschüttert von Goethe Abschied nahm. Die Geschichte hatte ein Nachspiel, als der Bayernkönig Ludwig I. 1827 Weimar besuchte, um die neu errichtete Fürstengruft zu besichtigen, in der Herzog Karl August bestattet zu werden wünschte. Ludwig I. schrieb selbst Gedichte, und auf seine Frage nach Schillers Grab zeigte man ihm Reste eines Skeletts, bei denen es sich um Schillers Gebeine handeln sollte. Der Monarch war schockiert und bat den Großherzog, Deutschlands größten Genius würdig beisetzen zu lassen. Der Bitte des Königs entsprechend, wurde Schillers Sarg in die Fürstengruft überführt, wo auch

Goethe zur letzten Ruhe gebettet werden sollte. Die Zweifel, ob die im Sarg befindlichen Überreste wirklich von Schiller stammten, verdichteten sich, als August von Proriep, ein Nachkomme des mit Goethe befreundeten Verlegers Bertuch, im Kassengewölbe einen Schädel entdeckte, den er Schiller zuordnete. Zu dessen hundertfünfzigstem Todestag im Mai 1955 hielt Thomas Mann eine Gedenkrede in Stuttgart sowie eine Woche später in Weimar. Um zu beweisen, dass die deutsche Klassik nicht den Bonner Revanchisten, sondern der DDR gehörte, deren Gründung Goethe am Schluss von *Faust II* prophezeit hatte (»Mit freiem Volk auf freiem Grunde stehn«), befahl Walter Ulbricht, die Särge zu öffnen und die Leichen der Dioskuren wissenschaftlich zu untersuchen. Ein aus Moskau angereister Forensiker namens Gerassimow kam durch minutiöse Rekonstruktion von Schillers Physiognomie zu dem Schluss, der in der Fürstengruft beigesetzte Schädel sei der richtige. Doch auch das wurde widerlegt, als nach der Wende die Skelettreste und der Schädel erneut untersucht wurden. Die DNA-Analyse ergab, dass Schillers Skelett, wie das Frankensteins, von verschiedenen Personen stammte, der Proriep-Schädel aber von der Weimarer Hofdame Luise von Göchhausen. Keiner der im Kassengewölbe aufgefundenen Schädel war genetisch mit Schiller verwandt. Vielleicht hatten Grabräuber den echten Schädel gestohlen und an einen Schiller-Verehrer verkauft, oder er verstaubt im Archiv des KGB, in dessen Auftrag Gerassimow die sterblichen Überreste examinierte.

Kafka im Park
Eine Kindergeschichte

1

Mein Name ist Franz Kafka, ich wohne in der Grunewaldstraße in Steglitz und gehe jeden Tag spazieren
im Park. Mein Freund Max Brod behauptet, ich sei
Schriftsteller, aber das stimmt nicht, denn ich bin Ver-
sicherungsbeamter von Beruf, Angestellter der *Assi-
curazioni Generali*, aber auch das stimmt nicht mehr,
denn ich leide an Tuberkulose und wurde kürzlich
auf eigenen Wunsch, nein: auf ärztliche Empfehlung
in den vorzeitigen Ruhestand versetzt. Die Krankheit
sieht man mir nicht an; ich bin groß und schlank, und
obwohl ich nicht mehr der Jüngste bin, sehe ich noch
immer jugendlich aus, wie meine Freundin Dora sagt.
Letzten Sommer habe ich meinen vierzigsten Geburtstag gefeiert oder vielmehr nicht gefeiert, denn nach
Feiern war mir nicht zumute, obwohl ich mich wohl-
fühlte am Ostseestrand, die jodhaltige Seeluft tat mir
gut, aber meine Atembeschwerden wurde ich trotzdem
nicht los. In Müritz ist mir Dora Diamant begegnet,
vielleicht die letzte Liebe meines Lebens, und um keine Zeit zu verlieren, nahm ich ihre Einladung an, nach
Berlin überzusiedeln, um später, wenn es mir besser

gehen würde, mit Dora nach Palästina auszuwandern. Ich vertauschte das Haus meiner Eltern an der Kleinseite in Prag, in dem ich viele Jahre zugebracht hatte, mit einer Villa in der Grunewaldstraße 13, wo wir als Untermieter von Frau Dr. Rethberg zwei Zimmer bezogen.

Der Botanische Garten liegt nur einen Steinwurf entfernt, und ich mache jeden Morgen einen Spaziergang durch den Park, wo die Luft besser ist als in den von Kohlenstaub und Schwefelabgasen verpesteten Straßen Berlins. Bevor ich die an einem Weiher gelegene Parkbank ansteuere, auf der ich erschöpft niedersinke, studiere ich die im Rathaus Steglitz aushängenden Zeitungen und reihe mich, mehr aus Gewohnheit als aus Not, in die vor der Bäckerei anstehende Warteschlange ein. Im Inflationswinter 1923/24 kostete ein Pfund Brot eine Million Mark, die ich der Bäckersfrau über den Tresen reiche, bevor ich das noch warme Brot, dessen Preis sich inzwischen verdoppelt hat, an Enten im Park verfüttere. Ein kleines Mädchen schaut mir dabei zu, und weil sein Gesichtsausdruck mich an Tile erinnert, das Kind aus dem jüdischen Ferienheim, das mich mit Dora bekannt machte, biete ich der Kleinen ein Stück Brot an, im Hungerwinter 1923 eine Kostbarkeit. Doch das Mädchen schüttelt den Kopf und schlägt die Wimpern nieder, aus denen Tränen tropfen. »Wie heißt du«, sage ich, »und warum weinst du?« – »Ich heiße Rosa«, murmelt die Kleine, »und ich habe meine Puppe verloren.« – »Wie heißt deine Puppe?« – »Rosa, genau wie ich.« – »Und wie sieht sie aus?« Die

Kleine nimmt einen Stock und malt einen Kreis in den Sand mit Augen, Nase und Mund – Punkt, Punkt, Komma, Strich, fertig ist das Mondgesicht. »So sieht sie aus – aber sie ist weggelauft!«

»Hör zu, Rosa. Du hast deine Puppe nicht verloren und sie ist auch nicht weggelauft, wie du sagst. Sie ist nur für ein paar Tage verreist. Komm morgen wieder in den Park, ich bring dir einen Brief von ihr, und du wirst staunen, was sie dir schreibt!«

2

»Ich hatte es auch einmal so gut haben wollen wie andere Menschen. Aber es ist mir schlecht bekommen«, schrieb Lessing, nachdem seine Frau Eva König im Kindbett verstorben war, und diesen Satz las Franz mir vor, als seine Stimme noch tief und wohlklingend war. Später klang sie heiser und krächzend, bevor sie in Flüstern überging und ganz verstummte. Das war im Sanatorium Kierling bei Wien, in das Doktor Klopstock ihn einwies, als er nicht mehr sprechen konnte und alles, was er mir mitteilen wollte, auf Zettel notierte. In seiner klaren, schönen, gut lesbaren Schrift kopierte er die Speisekarte des Sanatoriums und schickte sie seinen Eltern nach Prag als Beweis, wie gut er verköstigt werde; dass er Schluckbeschwerden hatte, keinen Bissen mehr essen und bald auch nichts mehr trinken konnte, verschwieg er wohlweislich.

Als Kafka starb, schrieb seine Hand noch. Diesen Satz

hat Dr. Klopstock gesagt, denn Schreiben war sein Lebensinhalt, mehr als nur ein Beruf oder eine Berufung, ein Anrennen gegen die letzte Grenze, wie er selbst es ausdrückte, das Buch als Axt für das gefrorene Meer in uns. Trotzdem oder gerade deshalb haben seine Bücher mich nicht besonders interessiert, weil ich den Mann liebte, dessen dunkel glühender Blick die Eisblumen am Fenster schmelzen ließ, und nicht den Verfasser broschierter Bücher, die wie Schulhefte aussahen, mit Titeln wie *Das Urteil*, *In der Strafkolonie*, *Ein Hungerkünstler*. Erst nach seinem Tod begriff ich, dass ich einem Genie begegnet war, und bedauerte es, seinen Wunsch, nein: Befehl befolgt und seine Manuskripte verbrannt zu haben.

Vielleicht war die Kindergeschichte dabei, die er im Inflationswinter 1923/24, fröstelnd in unserer ungeheizten Wohnung, geschrieben und einem Mädchen namens Rosa gewidmet hatte, das ihn an Tile Rössler aus dem jüdischen Kinderheim in Müritz erinnerte: die Geschichte einer Puppe, die auf einem fliegenden Teppich um die Welt reist – oder war es ein Storch, der die Puppe aufgabelte und nach Süden mitnahm? Aber im Winter gibt es keine Zugvögel, und vielleicht lag die Kindergeschichte unter dem Stapel von Briefen, die die Gestapo bei der Durchsuchung meiner Wohnung beschlagnahmt und, trotz der Proteste des tschechischen Kulturattachés, eines Jugendfreundes von Franz, nie zurückerstattet hat.

Ich war vier oder fünf Jahre alt, und ich erschrak, als Doktor Kafka sich über mich beugte und mir ein Stück Brot reichte, das er, auf der Parkbank sitzend, zerbröselte und an Enten verfütterte, die ihn schnatternd umringten. Das Brot war noch warm, und es roch über alle Maßen gut im Hungerwinter 1923, als es wie im Märchen von Hänsel und Gretel nichts zu beißen und zu brechen gab. Trotzdem nahm ich das Brot nicht an, denn meine Mutter hatte mich vor fremden Männern gewarnt, die kleine Mädchen mit Süßigkeiten anlocken, um sie zu missbrauchen – die Redensart gab es noch nicht, die Sache aber sehr wohl! Doch Doktor Kafka erweckte eher Mitleid als Angst, denn ich hatte beobachtet, wie er sich, von Hustenanfällen geschüttelt, ein Taschentuch vor Mund und Nase hielt. Genauso war es meinem Vater ergangen, als er mit verätzter Luftröhre von der Front zurückkehrte und trotz der aufopfernden Pflege meiner Mutter im Bett dahinsiechte, Ortsnamen murmelnd, deren Sinn ich erst später verstand: Ypern, Douaumont, Verdun ... Der Fremde erinnerte mich an meinen verstorbenen Vater; trotzdem oder gerade deshalb hatte ich Angst vor ihm, denn er war lang und dünn wie eine Bohnenstange mit einem Kürbis als Kopf, Kohlen statt der Augen und einer Karotte statt der Nase. Diesmal aber hielt er kein Brot, sondern einen Brief in der Hand, den er sorgsam entfaltete und vorlas, weil ich nur Druckbuchstaben, aber keine Schreibschrift entziffern konnte.

»Liebe Rosa«, mit dieser Anrede beginnt der Brief. »Mein Name ist Käthe Kruse, nicht Odradek, wie Doktor Kafka behauptet, und ich bin nicht weggelauft, wie Du sagst, sondern vom Balkon gefallen, wie und warum weiß ich nicht, weiß nur noch, dass ein Schutzmann mir das Leben rettete, als zwei hungrige Hunde über mich herfielen und mir Arme und Beine abrissen. Der Polizist brachte mich zu einer Puppenklinik, dort wurde ich operiert und bekam Arme und Beine wieder angenäht. Als ich auf einer Parkbank in der Sonne saß – Rekonvaleszenz ist der Fachausdruck dafür –, schnappte ein Storch nach mir und trug mich in sein Nest. Er gab mir Froschschenkel zu fressen, die ich nicht anrührte, weil ich kein Franzose bin, der gerne Froschschenkel isst. Aber ich kann nicht klagen, denn der Klapperstorch brachte mir das Fliegen bei, und als die Nächte kühler wurden, flogen wir nach Afrika. Dort lebe ich mit einer Horde Affen in einem Affenbrotbaum. Affenbrot schmeckt wie Zuckerwatte und klebt an den Zähnen wie Lakritz – wenn ich zurückkomme, bring ich Dir welches mit. Es geht mir gut, liebe Rosa, Dir hoffentlich auch, und ich freue mich auf unser Wiedersehen im Steglitzer Park! Deine *Käthe Kruse*

PS
Adebar lässt grüßen! Der Tintenklecks stammt von ihm, weil er seinen Namen nicht schreiben kann.«

IV. DICHTER UND IHRE GESELLEN

Der Schriftsteller ist eine private Person
Laudatio auf Uwe Kolbe

1

»Der Holzbock fliegt den Balken schräg an.« Diesen an Sprüche der Vorsokratiker erinnernden Satz hörte ich vor Jahren von einem Dachdecker auf dem Land, aber keine Angst: Dies ist keine Abhandlung über Holzschädlinge in Fachwerkhäusern und auch kein Essay über Erich Honecker, der gelernter Dachdecker war, bevor er zum Staatsratsvorsitzenden aufstieg. Doch ich kann der Verlockung nicht widerstehen, einen expressionistischen Dichter zu zitieren, der Honeckers Sturz und das Ende der DDR prophezeit hat: »Dachdecker stürzen ab und gehn entzwei« heißt es in Jakob van Hoddis' Gedicht *Weltende*, dessen Eingangsvers als geflügeltes Wort weiterlebt: »Dem Bürger fliegt vom spitzen Kopf der Hut.« Ein Beispiel für den Kunstgriff der Inversion, denn in Prosa übersetzt, wird der Vers entzaubert und klingt banal: Dem Bürger fliegt der spitze Hut vom Kopf ...

»Der Holzbock fliegt den Balken schräg an.«: Auf Kunst und Literatur übertragen, besagt der Handwerkerspruch, dass Dichter, Maler und Bildhauer, vermutlich auch Komponisten, den Stier *nicht* bei den Hör-

nern packen: Das heißt, sie gehen ein selbstgewähltes oder vorgegebenes Thema nicht frontal an, sondern nähern sich ihm auf Umwegen, hinterrücks und lautlos, so wie Winnetou den an den Marterpfahl gefesselten Old Shatterhand befreit – anschleichen heißt das passende Wort dafür. Diese Strategie ist älter als die europäische Literatur, sie findet sich voll ausgebildet bereits bei ihrem Stammvater Homer, wo die Namenslisten der griechischen Helden, die Beschreibung des Achillesschilds oder des von Odysseus gezimmerten Ehebetts keine Nebensachen, sondern die Hauptsache sind. Ähnliches gilt für das Alte Testament – man denke nur an die lange Liste der Nachkommen Noahs, an die endlose Aufzählung der Gebote und Verbote im fünften Buch Moses oder an die monotonen Geschlechtsregister im ersten Buch der Chronik. Bei Licht betrachtet, ergibt die Unterscheidung von Haupt- und Nebensachen keinen Sinn, denn im archaischen Epos steht die Nebenhandlung gleichberechtigt neben der Haupthandlung, falls es eine solche überhaupt gibt. Der Umweg ist die Quintessenz des Erzählens und nicht einfach ein retardierendes Moment, das ohne Substanzverlust wegfallen kann. Der Weg ist das Ziel, oder, um einen Aphorismus von Kafka zu zitieren: »Der wahre Weg geht über ein Seil, das nicht in der Höhe gespannt ist, sondern knapp über dem Boden. Es scheint mehr bestimmt, stolpern zu machen, als begangen zu werden.«
Das gilt für die Urtexte der Literatur, das Gilgamesch-Epos und Homer, für die französischen Dialoge in

Krieg und Frieden oder im *Zauberberg* sowie, nicht zuletzt, für die ausufernden Romane von Proust, Joyce und Musil, wo Abschweifungen und Exkurse kein bloßes Beiwerk sind, sondern die Sache selbst. Aber lässt sich diese Erkenntnis auf die Lyrik übertragen?

2

Für eine Laudatio auf Uwe Kolbe bin ich schlecht qualifiziert, denn ich bin kein Kenner seines Werks. Nur einmal habe ich mich an einem Text von ihm vergriffen – vergriffen im wahrsten Sinn des Worts, und da es sich um ein kurzes Gedicht handelte, das als Klappentext auf der Rückseite seines bei Suhrkamp erschienenen Lyrikbands stand, lasse ich es hier folgen: »Der Hochsitz // Er steht nach hinten rechts / auf einem langen Bein. / Links stützt er seinen Arm / auf einen Weidenast. / Vorn halten lange Nägel / an Pfosten sieben Sprossen fest. / Auf deren letzter oben / zwei Füße in Sandalen.«
Ich habe eine Abneigung gegen dunkle und unverständliche Gedichte – das habe ich von Marcel Reich-Ranicki gelernt, für dessen *Frankfurter Anthologie* ich die Verse besprach. Was mir gefiel, war deren Kürze und Gegenständlichkeit: Die Wahrheit ist konkret, lautet eine überstrapazierte Devise von Brecht, und in diesem Sinn könnte Uwe Kolbes Gedicht Ikea als Anleitung zum Bau eines Hochsitzes dienen. Ich weiß nicht mehr, welcher Teufel mich ritt, aber ich machte einen Verbes-

serungsvorschlag, der eine Verschlimmbesserung war: »Vielleicht ist es der Dichter selbst, der als Voyeur im Hochstand sitzt – ein Waidwerk, das weniger blutig, aber nicht weniger spannend ist als die Jagd auf Rehe, die nicht gern allein grasen ... ›Hast ein Reh du lieb vor andern, lass es nicht alleine grasen‹, heißt es bei Eichendorff. – Wie wäre es, wenn sich auf der obersten Sprosse zwei Paar Füße begegnen würden? Der eigenwillige Charakter des Gedichts würde dadurch zerstört, das wortkarge Epigramm würde zum redseligen Poem. Also lassen wir die Finger davon ...«

Es gibt einen Vers von Uwe Kolbe, den ich auswendig kann, obwohl oder weil er in keinem seiner Bücher steht: »Der Ostfriseur kann schon die Westfrisur.« Für mich war das ein gültiges Fazit der Wiedervereinigung, obwohl ich im Nachhinein feststellte, dass ich den Vers falsch memoriert hatte. Er entstand am 3. August 1991 im Wendland, genauer gesagt auf Schloss Gümse, wo wir mit den Rixdorfer Druckern Gedichte zu Papier brachten. Wir – das waren Peter Rühmkorf, H. C. Artmann, Helmut Eisendle, Reinhard Lettau und Sarah Kirsch, die nicht mehr unter uns sind, Uwe Kolbe sowie der Chinese Yang Lian, und der genaue Wortlaut hieß: »Der Westfriseur kann schon die Ostfrisur«. Wie man sich irren kann!

Was mich an Kolbes Lyrik fasziniert, sind beiläufig wirkende Zeilen, triviale Alltagsbeobachtungen, wenn man so will, die durch das Versmaß geadelt werden: »Helle Verkäuferinnen öffnen / die komplizierten Ladentüren. / Schon raucht man hier und da / die erste *Victory* gemeinsam«. – »In ihren Kästen wie Aquarien / sieht man sie stricken, nicken, lesen, träumen. / Und eine sagt der andern was von oben.«

Diese Art des unangestrengten Redens – *casually* heißt das englische Wort dafür – ist in der angelsächsischen Literatur zu Hause, und der New Yorker Erzähler Donald Barthelme hat sie so charakterisiert: »Wir mögen Bücher, die eine Menge *dirt* enthalten. Materie, die sich nicht als relevant darstellt, aber einen Sinn beisteuert für das, was passiert. Diesem Sinn ist nicht beizukommen, indem man zwischen den Zeilen liest (denn es gibt nichts in diesen weißen Zwischenräumen), sondern indem man die Zeilen selbst liest.«

3

Ich weiß nicht warum, aber ich mag Buchtitel, in denen Zahlen vorkommen: *Drei Musketiere, Fünf Wochen im Ballon, 20.000 Meilen unter dem Meer, Winnetou 1, 2* und *3*. Deshalb war ich positiv voreingenommen, als mir ein junger Autor sein druckfrisches Buch überreichte mit dem Titel *Bornholm II*. Das war am 31. Januar 1987 in den Offenbach-Stuben am Prenzlauer Berg, wo die Malerin Sarah Haffner ein Fest feierte. Der Dichter hieß Uwe Kolbe, und er schrieb eine nicht allzu originelle Widmung in den Lyrikband: »Für HC Buch, ein Buch aus O'berlin«. Beim Stichwort Bornholm dachte ich an Vineta, eine in der Ostsee versunkene Stadt, die in Kolbes Poetik eine Rolle spielt, und erst beim

Durchblättern des Buchs entdeckte ich eine Fußnote, die ein grelles Schlaglicht auf den Titel warf: »Bornholm I, Teil der Kleingartenanlage *Bornholm*, direkt am Grenzübergang Bornholmer Straße nach Berlin (West)«. Der Hinweis auf die Berliner Mauer war unter DDR-Bedingungen ein Sakrileg, ein Tabubruch, den erst Gorbatschows Perestroika in der Endphase der DDR ermöglichte. Doch die Veröffentlichung im Aufbau Verlag hatte ihren Preis: Zwanzig politisch verfängliche Gedichte fielen unter den Tisch und wurden von Uwe Kolbe als hektographierte Broschüre an Freunde verteilt – ein Nebenprodukt der Untergrundzeitschrift *Mikado*, die er damals mit Bernd Wagner herausgab. Demnach war die römische Zwei im Titel des Buchs keine Anspielung auf Rolf Dieter Brinkmanns Lyrikband *Westwärts 1 & 2*, sondern ein Wink mit dem Zaunpfahl an die Adresse der Zensur!

»Der Holzbock fliegt den Balken schräg an.«: Ein schöneres Beispiel für die Wahrheit dieses Satzes lässt sich kaum denken, denn die Staatsgrenze West, pathetisch ausgedrückt die Teilung Deutschlands, wurde für den Autor zum Lebensthema, an dem er sich wider Willen bis heute abarbeitet, auch wenn Uwe Kolbe dies nicht wahrhaben will. Zum besseren Verständnis füge ich an, wie er in einem Essay die Dinge beim Namen nennt: »Nach Schließung der Grenze spielte ich mit Freunden Fußball in Spuckweite des unbetretbaren S-Bahnhofes ... Wer den Ball zu steil getreten hätte, der hätte einen neuen heranschaffen müssen ... ›Na, steig mal rüber!‹, hätte ein Junge zum anderen sagen können,

mit einem Grinsen Richtung Stacheldraht ... West-
autos rollten über die Brücke. Die Familie holte die
Westoma ab. Ihre glatte Bräune, das blondierte Haar,
die helle Kleidung, sie bestätigten die Unwirklichkeit
all dessen, was jenseits der Brücke lag. So sah keine
hiesige Oma aus. So sah überhaupt keine Oma aus.«

4

In Haiti kenne ich mich besser aus als in Frankreich,
wo ich zur Schule ging, aber ich bin kein Verehrer von
Heinrich Mann. Damit meine ich nicht so sehr die
Romane des Meisters, die Kurt Tucholsky als »ein biss-
chen mit dem Hammer« bezeichnet hat, sondern die
Essays, in deren Tradition der Uwe Kolbe zuerkannte
Heinrich-Mann-Preis steht. Vielleicht kann das folgende Zitat verdeutlichen, woher meine Allergie kommt:
»Aber dies sind die Moskauer Prozesse, (...) der große
Dialog zwischen dem Staatsanwalt und dem Journalisten Radek: wörtlich könnte er bei Dostojewski stehen.
Derselbe psychologische Kampf um den Besitz der un-
terirdischen Wahrheit – nicht um die Bestrafung oder
Straflosigkeit, das scheint beiderseits vergessen: nur
um die Wahrheit. Der Angreifer, der Verteidiger haben
zusammen den einen, zwingenden Ehrgeiz, zu wissen,
was in dieser Seele war, wohin die Worte dieser Lippen,
genau genommen, gezielt hatten und welche Wege diese Füße gegangen? (...) Die Gestalten aus den Moskauer
Prozessen sind getötet oder eingekerkert. Entsündigt –

auf psychologischem Wege wie bei Dostojewski – waren schon in der Verhandlung vielleicht nicht sie, aber die Revolution war es.«

Die Sätze stammen aus Heinrich Manns Essay *Ein Zeitalter wird besichtigt*, der 1945 als Buch erschien und der SED zur ideologischen Vereinnahmung des Verstorbenen diente. In dem zitierten Text stimmt gar nichts, nicht mal – um beim Harmlosesten anzufangen – der Hinweis auf Dostojewski, dessen Werke unter Stalin auf dem Index standen. Die Geständnisse der Angeklagten wurden durch Folter erpresst, und der Schauprozess gegen den als Journalisten verhöhnten Karl Radek war nur ein Vorspiel zur Großen Säuberung, der nicht nur die Mitkämpfer Lenins und die Führung der Roten Armee, sondern zahlreiche Schriftsteller zum Opfer fielen: Isaak Babel, Sergei Tretjakow, Boris Pilnjak, Ossip Mandelstam – um nur diese Namen zu nennen.

Heinrich Manns Rechtfertigung der Moskauer Prozesse war kein Fauxpas, keine lässliche Sünde und kein ärgerlicher, aber vermeidbarer Fehler. Der Irrtum hatte Methode, und er sprach das selbst aus: »Als größter Realist unter den öffentlichen Männern hat Stalin sich der widerstrebenden Mitwelt herausgestellt. Gerade er verzichtet am wenigsten auf den Rang eines Intellektuellen. Eher noch ließe er seinen Marschallstitel fallen.« Das Herrscherlob in Manns zeitgleich entstandenem Roman *Henri Quatre* war eine Verneigung vor Stalin, und die Tatsache, dass auch Lion Feuchtwanger,

Georg Lukács, Ernst Bloch und sogar Brecht dem Tyrannen huldigten, macht die Sache nicht besser, sondern schlimmer, weil es immer auch Gegenstimmen gab: André Gide und George Orwell zum Beispiel oder, nach dem Krieg, Czesław Miłosz und Albert Camus, der sich anders als Sartre mit den Streikenden des 17. Juni 1953 solidarisierte. Nicht zu vergessen Hans Sahl, der wegen seiner Kritik am Stalinismus politisch diffamiert und literarisch isoliert wurde. Dieser Traditionslinie – nehme ich zu seinen Gunsten an – steht Uwe Kolbe näher als poetischen Lobrednern Stalins wie Pablo Neruda und Stephan Hermlin, die er trotzdem nicht verdammt, weil ihm das Verdammen nicht liegt. Es genügt, Kolbes Kommentar zum Aufruf prominenter DDR-Bürger *Für unser Land* vom November 1989 in Erinnerung zu rufen: »Den Oppositionellen weiter östlich, etwa denen von Solidarność, den Aktivisten der Charta 77 und den Systemkritikern in der Sowjetunion, die für ihre Haltung in Lager, Verbannung oder in psychiatrische Kliniken gingen, all denen muss dies wie infantile Kakophonie geklungen haben.«

5

Der Schriftsteller ist eine private Person, betonte der russisch-amerikanische Dichter Joseph Brodsky in seiner Nobelpreisrede, kein Sprecher einer Partei oder Regierung, kein Vertreter einer Nation oder Kultur, sondern ein Individuum, das weder *die* Literatur, großgeschrieben, noch eine Generation, Gruppe oder Clique repräsentiert, sondern nur sich selbst. Brodsky war das einzige Genie, das mir im Lauf meines mittlerweile langen Lebens begegnet ist, und er starb jung, weil er nach seinen Bypass-Operationen weiter Kette rauchte. Die Wirkung seines Werks erwuchs aus dessen Unverwechselbarkeit, was nicht heißt, dass er wie eine Leibniz'sche Monade nur auf sich selbst bezogen war. Im Gegenteil: Das Werk ist mehr als die Summe seiner Teile oder die Quersumme der Einflüsse, denen der Autor durch Freunde wie Feinde, Anreger oder Vorläufer ausgesetzt war. Brodsky hat die Entstehungsbedingungen der Gedichte und die Spuren seiner Biographie nachträglich aus den Texten getilgt – nicht zufällig, sondern mit Bedacht. Ossip Mandelstam war ein bedeutender Dichter nicht wegen, sondern trotz der Oktoberrevolution – auf diese Feststellung legte er Wert – und Mandelstam wäre dies auch gewesen, hätte er unter anderen Umständen gelebt. Joseph Brodsky war unerträglich arrogant, weil er an sich und seine Zeitgenossen den höchsten Maßstab anlegte, einen an den Klassikern der Antike geschulten Ewigkeitsmaßstab – mir fällt kein besseres Wort dafür ein. Er glaubte an die leibhaftige Existenz der Musen, die ihm beim Dichten über die Schulter schauten und notfalls die Hand führten – Clio, Erato, Kalliope und wie sie alle heißen. Diesen Aberglauben hat Brodsky mit Uwe Kolbe gemein, wie überhaupt vieles, was ich hier über den russisch-amerikanischen Poeten sage, auch für dessen preußischen Wahlverwandten gilt. Uwe Kolbes

Grabrede auf seinen literarischen Lehrmeister Franz
Fühmann oder die Hommage an seinen Freund und
Weggefährten Wolfgang Hilbig sind Belege dafür.

Joseph Brodsky behauptete allen Ernstes, er könne
große Dichter an ihren Gesichtern erkennen, auch
ohne eine Zeile von ihnen gelesen zu haben: Peter
Huchel zum Beispiel, dem er durch Vermittlung von
W. H. Auden begegnete. Ich widerstehe der Versuchung,
einen Essay über die Physiognomie von Uwe Kolbe zu
schreiben: Er ist der Jüngling geblieben, der er bei meiner ersten Begegnung mit ihm war. Doch der Augenschein täuscht, und ein Vergleich seiner frühen, expres-
sionistisch angehauchten Verse mit der japanischen
Haikus sich nähernden Lakonie des Spätwerks macht
klar, durch welch hügliges Gelände der Autor seine
Pflugscharen lenkt – der Vergleich des Dichtens mit
dem Pflügen stammt nicht von mir. Dass Kolbe nicht
vom Weg abkam auf dem langen Marsch durch die
»Zone« – das Wort bezieht sich auf ein nuklear ver-
seuchtes Terrain in Andrei Tarkowskis Film *Stalker* –,
ist kein geringes Verdienst.

Meckeliana und Meckeliaden

Seit ich Anfang der sechziger Jahre erstmals Gedichte von ihm las und ihn bald darauf persönlich kennenlernte, ist Christoph Meckel aus meinem Leben und meiner Arbeit nicht wegzudenken. Trotzdem oder gerade deshalb fällt es mir schwer zu sagen, was mich mit ihm verband und was unsere sporadischen Kontakte – Besuche in Rémuzat und Begegnungen auf Lesungen oder Vernissagen – zur Freundschaft werden ließ, die ein halbes Jahrhundert überdauert hat. Vermutlich war es unsere Gegensätzlichkeit: Meckel ist ein Stiller im Lande, eine im Verborgenen wirksame Kraft, obwohl oder weil er, unbeeindruckt von den Zumutungen des Zeitgeists, den eingeschlagenen Weg stur weiterging und unbeirrt festhielt an seinem Verständnis von Künstler- und Dichtertum. Christoph Meckel ist eine poetische Existenz, und vielleicht wirkt er darum jünger, als er ist. Anders als Meckel, der sich aus vielem heraushielt, habe ich die Öffentlichkeit nicht gescheut und mich neben meiner literarischen Arbeit kritisch und essayistisch, politisch und journalistisch geäußert – ob ich mich dabei verzettelte, können andere besser beurteilen als ich. Obwohl ich jahrelang intensiv zeichnete, wurde ich kein Malerpoet wie Meckel, dessen Doppelbegabung ihn mit Günter Bruno Fuchs, aber auch mit Peter Weiss und Günter Grass verbindet.

»Peter Weiss war lange ein Künstler, der auch schrieb. Er war danach ein Schriftsteller, der kein Bild mehr machte«, sagte Meckel in seiner Laudatio auf Peter Weiss bei der Verleihung des Bremer Literaturpreises kurz vor dessen Tod. Und er fährt fort: »Der Wechsel von Kunst zu Literatur, von der Bildwelt zu einer Welt aus Sprache, war nicht Bruch oder Abbruch – Bruch oder Abbruch finden sich vorher, sondern Festigung und Gestaltung der Existenz.«

Der zweite Teil des Zitats hat auch für Meckel Gültigkeit, der, anders als Peter Weiss, nie der Malerei den Laufpass gab zugunsten der Literatur. Er hielt beiden Künsten die Treue, auf die Gefahr hin, dass Kritiker die eine gegen die andere ausspielten. Das Wort Malerpoet klingt herablassend, als sei von Sonntagsmalern die Rede, die in Arztpraxen ihre Bilder ausstellen. Der Verdacht liegt nahe, dass es sich um gehobenen Dilettantismus handelt, also um Kunstgewerbe – lobenswert, aber nicht mehr, weil dem Hobby nicht dieselbe Konzentration und Energie zufließt wie dem Hauptberuf. Obwohl Meckel Graphik und Bildhauerei studierte, bemängelte die Kunstkritik seine mangelnde Professionalität, als könnten Dichter bildende Kunst nur auf Sparflamme betreiben. Umgekehrt wurde die frühe Prosa von Peter Weiss, ähnlich wie die Dramen von Barlach, als Nebenprodukt seiner künstlerischen Arbeit geringgeschätzt.

Obwohl Christoph Meckels Leben und Werk im Drei-
ländereck Südbadens wurzeln, genauer gesagt in Frei-
burg, wo er aufwuchs und wohin er immer wieder zu-
rückkehrt, ist Meckel kein Heimatdichter, sondern das
Gegenteil: ein Kosmopolit, der in vielen Sprachen und
Kulturen zu Hause ist, in der Toskana und der Provence ebenso wie in Nordamerika oder Westafrika.
Sein Lebensmittelpunkt war und ist der Bayerische
Platz in Westberlin, wo er, nur einen Steinwurf entfernt
von der Arztpraxis und der Stammkneipe Gottfried
Benns, den Bau und den Fall der Mauer erlebte, die in
seinem Werk deutliche Spuren hinterließ.

»Geschrieben 1976–1984 in Berlin, New York, Texas,
Ohio, Mexiko, Israel, Paris, Suzette, Rémuzat, Florenz,
Bacchereto und wieder Berlin«, heißt es in einer An-
merkung zu dem Poem *Jasnandos Nachtlied*, das Meckel
1985 als Privatdruck publizierte. Die Entstehungs-
orte sind so charakteristisch wie die marginale Form
der Veröffentlichung oder der Name Jasnando, eine
der vielen Masken, hinter denen der Dichter sich verbirgt. Manchmal tut er dabei des Guten zu viel und
zerstört durch exzessives *name dropping* die poetische
Aura seiner Verse, anknüpfend an die Mittelmeer-
lyrik der fünfziger Jahre, als Meckel zu schreiben begann und deutsche Nachkriegsliteraten den Duft der
weiten Welt wiederentdeckten: »Kennen Sie das Old
Haifa? Da müssen Sie hin. / ... / Das Marco Polo in
Tunis, paar ruhige Schuppen in Ägypten und Kon-
stantinopel / ... das Globe in Algier / und das Globe
in Palermo / ... / YESSIR, hübsch / eine Wasserjungfer

am Swimmingpool / der Name ist Lili (denken Sie an Goethes Verlobte) / oder Mirjam, Semele, Beatrice / ... / Und weiter – etwas wie Smith. / Sie finden den Namen im Gästebuch.«

Leeres Wortgeklingel als Parodie der Weltläufigkeit, wie überhaupt der Dichter, besser gesagt das lyrische Ich, wenn die Phantasie mit ihm durchgeht, mehr Lametta als Lorbeer produziert. Aber in Meckels Werk findet sich immer auch das Gegenteil: Texte und Bücher, in denen der Dichter sich wundreibt am Widerstand der Wirklichkeit. Dabei denke ich nicht allein an *Suchbild*, den Roman über seinen Vater, den Schriftsteller Eberhard Meckel, den ich mit amerikanischen Studenten durchackerte – *close reading* heißt der Fachausdruck dafür. Sondern auch an *Nachricht für Baratynski*, Meckels Denkmal für einen russischen Dichter des 19. Jahrhunderts, der Puschkin und den Dekabristen nahestand: ein zwischen Essay und Erzählung oszillierender Text, dem es gelingt, eine uns ferne und fremde Welt zu vergegenwärtigen, ohne Anbiederung oder falsche Unmittelbarkeit.

Meckels mir wichtigstes, aber kaum wahrgenommenes Werk ist seine Bilanz des Kalten Krieges, wiederum eine Art Privatdruck, an versteckter Stelle unter Ausschluss der Öffentlichkeit publiziert. *Schlammfang* heißt das vom Autor eigenhändig illustrierte Buch; statt einer Charakteristik eine Stilprobe:

»Militärs, die abrücken, lassen nichts zurück. Ich entdecke Feuerstellen auf vielen Plätzen, verscharrte

Vorräte in den Ödgebieten, Küchengeräte und Waffen, verjährte Konserven, verbrauchte Uniformen in stinkenden Haufen, viel wertloses Kleingeld unter Bretterböden, Amulette und Orden. In Spinden der Mannschaftsräume verschimmeln Bücher, orthodoxe Gebetbücher, russische Pornographen, zerfledderte Werke von Gorki und Puschkin, von Nadeln und Messern durchbohrt, zerfetzt von Scheren, mit Rasierklingen abgetrennte Vignetten und Namen. In leeren Sälen fliegen Papiere herum, Briefe zu hunderten in jeder Kaserne – verkohlte Ansichtskarten, entstellte Fotos – ausgestrichene Personen, verschmierte Gesichter – und Soldaten in Gruppenbildern, allein, mit Kindern, lachende Teams auf Sportplätzen und vor Panzern, dekorierte Kampfgeistvisagen, entblößte Frauen, eine nackte Mongolin mit einem Hund.«

Das ist keine Passage aus Wolfgang Hilbigs Roman *Ich*, dessen Protagonist in Kellerlöchern haust. Was der Text beschreibt, ist keine Fiktion, sondern Realität: Ich weiß, wovon ich spreche, weil ich zusammen mit Christoph Meckel die UdSSR bereist habe und die Sowjetkasernen und Manövergelände bei Nauen und Ludwigslust, die er schildert, aus eigener Anschauung kenne.

»Hier wurden Materialschlachten inszeniert, Eroberungen und Untergänge gestaltet, Kriegsschauspiele der Russen ohne Vergleich, Opern aus Flammenwerfern, Schrapnell und Granate, hier wurde das Sterben der westlichen Welt exerziert. Ein Sanitätswagen steckt im

Schlamm, eine Krankenbaracke hängt leer im schütteren Gras.« Spätestens hier wird klar, dass Christoph Meckel kein abgehobener Dichter ist, der sich vor den Herausforderungen der Außenwelt ins Schneckenhaus der Poesie verkriecht, sondern ein scharfer Beobachter und unbestechlicher Chronist der Gegenwart.

H. C. Artmann proklamiert den poetischen Akt

»Die furcht, ein wertvolles instrument zu zerbrechen, liegt seit anbeginn in der musik«, heißt es in einem unveröffentlichten Manuskript von H. C. Artmann, der im Dezember 2000 in Wien an Herzversagen starb. Ich weiß nicht mehr, wann und wo ich ihm zum ersten Mal begegnet bin, vermutlich im Winter 1963/64 im Berliner Zimmer einer weitläufigen Wohnung über dem Kleist-Casino, einem von Hubert Fichte frequentierten Schwulenlokal; weiß nur noch, dass wir im Schnee Rosen niederlegten an Kleists Grab und uns auf Anhieb gut verstanden, weil Artmann trotz des Altersunterschieds nicht gönnerhaft auf jüngere Autoren herabblickte. Als ich ihn im Herbst 1964 in Malmö besuchte, las er mir vor aus seinem in Entstehung begriffenen Buch *Das Suchen nach dem gestrigen Tag oder Schnee auf einem heißen Brotwecken*, kochte Kartoffelgulasch, das nie fertig wurde, und schleppte mich in einen Film, in dem eine Blondine es mit einem Schäferhund trieb – keine Pornographie, sondern der Versuch eines schwedischen Nachwuchsregisseurs, Ingmar Bergman zu übertreffen. Artmann lebte damals äußerst bescheiden von den Honoraren, die ihm seine Übersetzungen spanischer Barockromane und der Bal-

laden von Carl Michael Bellman einbrachten, aber als er mich kurz darauf in Kopenhagen besuchte, war er gekleidet wie ein britischer Landedelmann, mit roter Weste und Schottenmütze, die er dem schwarzen Butler, der ihm die Tür öffnete, schwungvoll übergab, als sei er es nicht anders gewohnt. Artmann behauptete, alle Sprachen zu sprechen, besonders die skandinavischen, und knurrte, als man ihn auf den Straßen von Kopenhagen nicht verstand, in breitem Wienerisch: »Die sprechen ganz a verdorbenes Dänisch hier.« »Altritterlich« war ein Lieblingswort des angeblich 1921 in St. Achatz am Walde geborenen Dichters Hans Carl Laërtes Artmann, der sich nicht nur einen neuen Vornamen, sondern eine dazu passende Biographie erfand, in der die Information, dass er 1940 zur Wehrmacht eingezogen wurde, wie ein Fremdkörper wirkte; nur wenigen Auserwählten zeigte er die Feldpostausgabe des *Hyperion* – oder war es ein Spanisch-Wörterbuch? – in dem eine russische Kugel steckengeblieben war. Er trat in wechselnden Kostümen auf, als Baron Münchhausen oder Sir Phileas Fogg, König Artus oder Graf Dracula, und blieb doch immer er selbst, ein Bohémien der fünfziger Jahre, der in *med ana schwoazzn dintn* mehr als nur Wiener Mundartverse geschrieben hatte. Nur einmal runzelte er die Stirn, als ich ihm 1968 im Tegernseer Tönnchen bei Bier und Knödeln beichtete, dass es mir nach der Lektüre des *Kommunistischen Manifests* wie Schuppen von den Augen gefallen sei – wie so oft hatte Artmann recht!
Unsere Wege trennten sich, und als ich ihn Jahre später

wiedersah, hatte er einen Fernsehfilm in Irland gedreht und redete Gälisch auf mich ein. Ich revanchierte mich mit Kreolisch und Lingala, der Verkehrssprache am Kongo, die Artmann zu seinem Leidwesen nicht verstand, obwohl er angeblich Kiswahili sprach. In den achtziger Jahren besuchte ich ihn im Waldviertel, der Heimat von Adalbert Stifter, wo er, trotz seines Ruhms verarmt, in einem Kätnerhaus lebte und außer Kartoffelgulasch nur flüssige Nahrung zu sich nahm, die aus mehr oder weniger hochprozentigem Alkohol bestand. Schon damals sah er aus wie einer, der nicht mehr lange zu leben hat, obwohl oder weil H. C. Artmann – das ist nur scheinbar ein Paradox – sich um Jahrzehnte verjüngte, sobald er eine neue Versform entdeckte, die er in seinem polyphonen und polyglotten Werk noch nicht ausprobiert hatte: Limericks, Haikus, Ghasele u. a. m. Es genügt, an dieser Stelle an die Kinderreime zu erinnern, die er unter dem Titel *allerleirausch* 1967 im Berliner Rainer Verlag veröffentlichte, oder an *Die Heimholung des Hammers*, eine kongeniale Fortschreibung der *Edda*, die, illustriert von Uwe Bremer, 1977 im Ernst Hilger Verlag in Wien erschien. *The Best of H. C. Artmann* – so der Titel eines 1970 von Klaus Reichert bei Suhrkamp edierten Sammelbands – ist in den Nebenwerken des Meisters zu finden. In seiner Rede zum Büchnerpreis bezeichnete er sich als »spätsterbenden« Dichter, im Gegensatz zum frühverstorbenen Autor von *Dantons Tod*. Zumindest diese Voraussage ist wahr geworden. »Der grenzgänger, er kann abstürzen und er kann weitergehen, die gratwanderung lässt beides zu.« Mit diesem enigmatischen Satz verabschiedete sich der Poet von seinem Publikum.

PS
H. C. Artmann mied vordergründiges politisches Engagement, aber als er in einer Fußgängerzone in Salzburg zufällig Zeuge wurde, wie ein Polizist einen Liliputaner verhaftete, rebellierte sein soziales Gewissen. Er trat dem Beamten in den Weg und sagte mit blitzenden Augen – so stelle ich mir die Szene vor – und mit vor Erregung gesträubtem Schnurrbart: »Loss das Zwergl i Ruh, sonst kriagst's mit mir zu tun!« Artmann wurde wegen Beamtenbeleidigung verhaftet und verbrachte eine Nacht im Gefängnis. Am nächsten Morgen berichteten die Zeitungen in großer Aufmachung darüber, und nach der Freilassung wanden Verehrerinnen seiner Kunst ihm einen Lorbeerkranz und trugen den *poeta laureatus* im Triumphzug auf den Schultern durch Salzburgs Innenstadt: ein praktisches Beispiel für die Theorie des poetischen Aktes, mit dessen Proklamation Artmanns Schriftstellerkarriere 1953 begann. Darin heißt es: »Der poetische Akt wird vielleicht nur durch Zufall der Öffentlichkeit übermittelt werden.« Was hiermit geschehen ist.

Walter Höllerer: Der lag besonders mühelos am Rand

Der lag besonders mühelos am Rand
Des Weges. Seine Wimpern hingen
Schwer und zufrieden in die Augenschatten.
Man hätte meinen können, dass er schliefe.

Aber sein Rücken war (wir trugen ihn,
Den Schweren, etwas abseits, denn er störte sehr
Kolonnen, die sich drängten), dieser Rücken
War nur ein roter Lappen, weiter nichts.

Und seine Hand (wir konnten dann den Witz
Nicht oft erzählen, beide haben wir
ihn schnell vergessen) hatte, wie ein Schwert,
Den hartgefrorenen Pferdemist gefasst,

Den Apfel, gelb und starr,
Als wär es Erde oder auch ein Arm
Oder ein Kreuz, ein Gott: ich weiß nicht was.
Wir trugen ihn da weg und in den Schnee.

Es war nicht der erste Tote, den ich in Haiti zu Gesicht bekam, und er schien nicht zu schlafen, wie ein gnädiges Klischee es will: Seine aufgerissenen Augen hatten das Grauen fixiert, das ihm widerfuhr. Seine uniformierten Mörder hatten ihn mit einem Kopfschuss exekutiert und aus dem fahrenden Auto gestoßen, damit er, von Fliegen überkrochen, zur Abschreckung am Wegrand liegenblieb. Das Armenviertel in der Nähe des Flughafens galt als Hochburg des demokratisch gewählten Präsidenten Aristide, den die Armee aus dem Amt gejagt hatte, und die Anwohner wagten es nicht, den Toten zu bestatten, aus Furcht vor Repressalien der Polizei.

Seltsamerweise stellte ich mir keine der Fragen, die die Bildunterschrift einer Zeitung oder der Kommentar des Nachrichtensprechers kurz und bündig beantworten muss: nach Name, Alter, Beruf des Getöteten und nach dem Motiv des Mordes. Stattdessen ging mir ein Vers meines Doktorvaters Walter Höllerer durch den Kopf, den dieser ein halbes Jahrhundert zuvor geschrieben hatte, nicht unter tropischer Sonne, sondern beim Rückzug der deutschen Wehrmacht über einen Gebirgspass: »Der lag besonders mühelos am Rand / Des Weges.« Das Gedicht drückte den existentiellen Ernst der Situation adäquater aus als jeder Medienreport, weil sein Autor in dem Toten kein anonymes Opfer sah, sondern einen Bruder – im Bewusstsein, dass es ihn genauso hätte treffen können. »Kein Knecht ja war es; nein, es starb ein Bruder mir«, sagt Antigone zu Kreon in der Tragödie des Sophokles, und der Tyrann antwortet ihr: »Der Feind ist niemals, auch im Tode nicht, geliebt.« An diese Tradition knüpfte Höllerer an, vermutlich ohne dass es ihm bewusst war, denn die dem

Gedicht zugrunde liegende Geschichte wird nicht zum ersten Mal erzählt.

Die Verse haben die Umstände ihrer Entstehung überdauert, und die Rückkehr des Krieges auf die Agenda der Politik verleiht ihnen eine bestürzende Aktualität. Doch auch ohne die ethnischen Massaker im Balkan, wo Höllerer im Zweiten Weltkrieg Geiselerschießungen erlebte, hat das in Anthologien nachgedruckte Gedicht andere Texte des Autors aus dem Bewusstsein verdrängt. Das liegt vor allem an der ersten Zeile, genauer gesagt an dem Adverb »mühelos«, das wie ein Widerhaken im Gedächtnis haftet, obwohl oder weil es unlogisch ist: Mühevoll oder mühelos bezieht sich auf eine Kraftanstrengung, wie sie nur Lebende leisten können. Die Irritation ist vom Autor gewollt, denn trotz oder wegen seiner Ungenauigkeit vermittelt der im Titel wiederkehrende Vers eine einprägsamere Vorstellung des am Wegrand liegenden Toten als jede bemühte Detailschilderung.

Der suggestive Rhythmus der Verse täuscht über die Spannung zwischen Form und Inhalt hinweg: In schlichten, unaufgeregten Sätzen wird ein Anblick beschrieben, von dem man lieber sein Gesicht abwendet, weil auswegloses Leiden kein Mitleid erregt, sondern Abscheu. Durch den behutsamen Sprachfluss wird der tote Soldat aus der Sphäre des Hässlichen – schmutziger Schnee, Blut und Kot – in die der Poesie enthoben, doch nicht zum Helden stilisiert. Höllerer vermeidet auch das entgegengesetzte Extrem, den Toten zum Kronzeugen zu machen für oder gegen die Sinnlosigkeit des Kriegs. Beides liefe auf eine Instrumentalisierung hinaus, und die Vermeidung solcher Klischees ist ein Indiz für die Qualität des Gedichts, das die Schlussfolgerung den Lesern überlässt. Mit einer Ausnahme, die Wortkette: gefrorener Pferdeapfel, Arm, Kreuz, Gott wirkt auf den ersten Blick symbolisch und plakativ. Eine die Blasphemie streifende Provokation, überleitend zum christlichen Kern des Gedichts, der mit dessen humaner Botschaft zusammenfällt: vom Leiden des Einzelnen, das stellvertretend für die Leiden aller steht.

V. BAGATELLEN ZUM MASSAKER

Schriftsteller sind zu größerer Verworfenheit fähig als andere Menschen

1

Böhmen liegt am Meer, und wie Kafkas Schloss, das sich bei der Annäherung des Landvermessers immer weiter von diesem entfernt, ist die Republik des Geistes in keinem Atlas verzeichnet: ein Staat ohne Zollschranken, Visum- und Passformalitäten, der Möchtegernkünstlern und Caféhausliteraten lebenslanges Aufenthaltsrecht gewährt, während er Akademiepräsidenten und Kritikerpäpsten die Einreise verweigert oder die kalte Schulter zeigt. Verkehrte Welt! Die Republik La Bohème hat keine festen Grenzen, sie ist überall und nirgends zu finden, und ihre Hauptstadt heißt nicht Prag, obwohl sie dort vermutet werden könnte, im Café Slavia, wo Kafka verkehrte, im Londoner East End, an der Rive Gauche von Paris, in Greenwich Village oder in San Franciscos North Beach. Wie der Hofstaat Karls des Großen zieht die Regierung dieses imaginären Reichs von einem Ort zum anderen und schlägt mal im Café Deux Magots, mal schräg gegenüber bei Lipps oder in der Brasserie La Coupole ihre Zelte auf, um Bittsteller zu empfangen, Steuern einzutreiben und Gericht zu halten; aber es kommt auch vor, dass sie in der Bodeguita del Medio in der Altstadt von La Habana, in der Berliner Paris Bar, im Wiener Café Hawelka oder im Restaurant Aragvi am Puschkinplatz in Moskau residiert. Wie in karolingischer Zeit besteht sie aus Mundschenken und Truchsessen, Hochstaplern und Hofnarren, nicht zu vergessen Kebsweiber und Konkubinen, und wie bei der Republik Venedig handelt es sich um eine verkappte Aristokratie, angeführt vom Dogen, dessen Regime keiner Kontrolle unterliegt. Der Name des Regenten tut nichts zur Sache; eine Zeitlang hieß er Jean-Paul Sartre, später bewarben sich Umberto Eco und Susan Sontag um den freigewordenen Thron, und aus Südamerika meldeten Schriftsteller mit Doppelnamen Erbansprüche an. Hippies und Hobos, Trittbrettfahrer und Tramper aus aller Herren Länder geben sich in La Bohème die Türklinke in die Hand, als handle es sich um ein Schlaraffenland, doch das Gegenteil ist der Fall. Früher litten die Bewohner an Auszehrung oder Unterernährung und starben an Schwindsucht in feuchten Kellern oder ungelüfteten Mansarden. Später trat Aids an die Stelle der Tuberkulose, doch der Prozentsatz der Drogensüchtigen und Alkoholiker war zu allen Zeiten gleich hoch, zu schweigen von der Arbeitslosigkeit, die hierzulande endemisch ist. Die Republik La Bohème ist ein Pulverfass, das statt zu explodieren in wirkungslosen Revolten verpufft. Dem Aufbegehren fehlt der Stachel, weil jeder die Schuld dafür, dass er den Aufstieg nicht schafft, bei sich selbst sucht. Das Ergebnis ist eine selbstzerstörerische Dynamik, die Lethargie erzeugt, überspielt durch Kraftmeierei und Kameraderie. Man könnte vom Grandhotel Abgrund sprechen oder vom Tanz auf dem Vulkan, hätten die abgegriffenen Metaphern ihre Bedeutung nicht eingebüßt.

ACHTUNG – OBACHT – ATTENTION!
Infolge plötzlichen Kurssturzes und durch den Krieg verursachter Verhältnisse ist unser, in Stolzenfels wohnhafter, verehrter Mitbürger, Herr Schriftsteller KLABUND in große unverdiente Not und Nahrungssorge geraten. Er sieht sich deshalb genötigt, seinen letzten materiellen Besitz (bis auf das Hemd – welches er gegen entsprechendes Ehrenhonorar abzulegen ebenfalls bereit ist) zu veräußern. Er bittet, Interessenten, Mäzene und Kunstverständige sich mit ihm in geneigte Verbindung zu setzen. Es kosten beispielsweise: ein alter Hut 3,- frcs, ein abgelegter Kneifer (ohne Glas) 1,75 frcs, eine Grammophonplatte (nicht mehr spielbar) 2,30, eine Photographie 4,- frcs (mit Autogramm 10,-), Autogramme jeder Art und Größe, schon von 1,50 bis zu den teuersten Preisen. Gefälliger Unterstützung sieht entgegen, gramgebeugt: *Der Unterzeichnete* (Zimmer 4).

Der Autor dieses Bittbriefs hieß mit bürgerlichem Namen Alfred Henschke und hatte sich schon in jungen Jahren ein Pseudonym zugelegt, das die Worte Klabautermann und Vagabund zu einem Amalgam verband. Klabund war der Prototyp des Bohémiens, vergleichbar mit singulären Existenzen wie Sergei Jessenin und Boris Vian. Der Apothekersohn aus Crossen besuchte zusammen mit Gottfried Benn das Gymnasium und trat früh mit Dichtungen hervor, in denen er als virtuoser Verwandlungskünstler und Nachschöpfer vielseitige Talente bewies. Er nannte sich Klabautzke oder Klabuntata Klabore (in Anspielung auf den Literaturnobelpreisträger Tagore) und probierte die unterschiedlichsten Rollen aus, als islamischer Prophet oder christlicher Heiliger, chinesischer Dichter oder französischer Revolutionsgeneral kostümiert. Von patriotischer Begeisterung beflügelt, meldete er sich im August 1914 freiwillig an die Front, wurde aber wegen seiner prekären Gesundheit für untauglich erklärt, im Schützengraben zu sterben, und kurierte stattdessen in Davos eine Tuberkulose aus. In der dortigen Kurklinik, Schauplatz von Thomas Manns *Zauberberg*, verliebte Klabund sich in eine Mitpatientin, die er, da sie ihn zum Pazifismus bekehrte, Irene nannte. Er widmete ihr einen in einer schlaflosen Nacht geschriebenen Gedichtzyklus, bevor sie nach der Geburt einer Tochter ihrem Lungenleiden erlag. Klabund blieb nicht viel Zeit: Wie eine von zwei Seiten brennende Kerze verausgabte er sein Talent, publizierte innerhalb weniger Jahre Gedichtbände, Dramen, Romane, Übersetzungen chinesischer Lyrik sowie eine kurze Geschichte der Weltliteratur und heiratete in zweiter Ehe die Schauspielerin Carola Neher, gefeierte Hauptdarstellerin in Klabunds *Kreidekreis*, von dem Brecht sich zu seinem gleichnamigen Stück inspirieren ließ. Bertolt Brecht war kein Bohémien, aber er hat viel von Klabund gelernt, um nicht zu sagen geklaut, einschließlich dessen Frau, die in der Verfilmung der *Dreigroschenoper* die Polly spielt; und er protestierte nur halbherzig, als Carola Neher im Moskauer Exil in die Mühlen der Stalin-Justiz geriet.

Schon zehn Jahre früher, im August 1928, starb Klabund an den Spätfolgen der Tuberkulose und hinterließ ein umfangreiches Werk, das, vom NS-Regime auf den Index gesetzt, nach 1945 in Vergessenheit geriet. Dabei hat alles, was der frühvollendete Dichter zu Papier brachte, Stil und ist mehr als glamouröses Tingeltangel und Zwanziger-Jahre-Kabarett, wie Gottfried Benns Nachruf verdeutlicht: »Die zarte, nie zu einer völligen Reife erwachsene Gestalt unseres toten Freundes tritt vor unseren Blick. Der schmächtige Mann, und auf seinen Schultern trug er eine Last, die schwer zu tragen war. Ich meine nicht die Krankheit, ich meine die Berufung. Gegen eine Welt der Nützlichkeit und des Opportunismus, gegen eine Welt der gesicherten Existenzen, der Ämter und der Würden und der festen Stellungen, trug er nichts als seinen Glauben und sein Herz ... Durch die Geschichte aller Zeiten und Völker gehen diese Figuren, auf deren oft kranken Schultern eine geheime Sendung liegt.«

»Wenn ich (das Wort) Kultur höre, entsichere ich meinen Browning.« Dieser Satz stammt nicht von Goebbels oder Göring, denen er fälschlich zugeschrieben wurde, sondern aus dem Schlageter-Drama des Nazi-Barden (und Präsidenten der Reichsschrifttumskammer) Hanns Johst. Der Vatermord an der Kultur, zu dem der Held des Stücks aufruft, war weniger Ausdruck der NS-Ideologie als ein zum Affekt erstarrtes Relikt der antibürgerlichen Revolte in der modernen Literatur: Die Ketten, mit denen der totalitäre Staat die Künstler an die Kandare nahm, hatten diese selbst geschmiedet, und – anders als Goebbels oder Göring – empfanden sie diebische Freude dabei.

Dem an Brutalität kaum zu überbietenden Satz von Hanns Johst möchte ich ein anderes Zitat zur Seite stellen, das von einem Berufsrevolutionär stammt: »Niemals haben wir die Freiheit der Kunst versprochen, wie wir die Freiheit des Waffenschmuggels, des Kokainhandels niemandem versprochen haben ... Das Verbot eines Kunstwerkes, mag es noch so herrlich sein, ist bei uns Barbaren selbstverständlich, wenn es der Revolution schädlich ist.« Karl Radek schrieb diese Sätze 1930 im Nachwort zu Boris Pilnjaks Roman *Die Wolga fällt ins Kaspische Meer.* Obwohl Radek beim Moskauer Schriftstellerkongress 1934 den *Ulysses* von Joyce mit einem von Würmern wimmelnden Misthaufen verglich, hat ihm die Anbiederung an den Stalinismus nichts genutzt: Er starb als Opfer der Moskauer Prozesse, deren Ziel und Zweck der Chefankläger Wyschinski auf den Punkt brachte mit dem Ruf: »Die tollwütigen Hunde müssen erschossen werden!« Die Angeklagten wurden als »trotzkistische Schädlinge« entlarvt, und der von Radek als dekadent und reaktionär kritisierte *Ulysses* auf Weisung Stalins in der UdSSR gedruckt!

Noch eine weitere Ironie der Geschichte ist in diesem Zusammenhang zu verzeichnen: Der jüdische Bolschewik Karl Radek hatte 1923 den ersten Flirt der Kommunisten mit den Nazis eingeleitet, als er einen von französischen Besatzungssoldaten im Ruhrgebiet erschossenen Saboteur namens Schlageter als Märtyrer der deutschen Arbeiterklasse pries: ebenjenen Albert Leo Schlageter, dem Hanns Johst den Satz in den Mund legt: »Wenn ich Kultur höre, entsichere ich meinen Browning!«

3

»Der Schriftsteller ist zu größerer Verwahrlosung und Verworfenheit fähig als andere Menschen«, schreibt Nadeschda Mandelstam in ihrem Memoirenbuch *Das Jahrhundert der Wölfe*. Sie dachte dabei an die Verfolgung und Ermordung ihres Mannes, des Dichters Ossip Mandelstam, mit dem Stalin Katz und Maus spielte, bevor er ihn in einem Straflager im fernen Osten der Sowjetunion verrecken ließ. »Bereits 1934 hörten Anna Andrejewna und ich, der Schriftsteller Pawlenko habe aus Neugierde die Einladung des mit ihm befreundeten Untersuchungsrichters, der Mandelstams Verfahren leitete, angenommen und, entweder in einem Schrank oder zwischen Doppeltüren versteckt, einem nächtlichen Verhör beigewohnt ... Pawlenko erzählte, Mandelstam habe beim Verhör einen erbärmlichen und verstörten Anblick geboten, die Hose sei gerutscht, und er habe ständig nach ihr gegriffen, er habe völlig unpassend geantwortet, nicht eine klare und deutliche Antwort gegeben, nur Unsinn geredet, sich aufgeregt und wie eine Karausche in der Pfanne gedreht und gewendet.«

Um beim Unwichtigsten anzufangen: Die ständig rutschende Hose, über die der im Schrank versteckte Voyeur sich mokiert, war eine Folge des Strafvollzugs, weil man den Häftlingen Hosenträger und Gürtel wegnahm, um sie zu demütigen und Suizidversuche zu verhindern. Pjotr Andrejewitsch Pawlenko (1899–1951) war ein Parteischriftsteller der übelsten Sorte, der das von Brechts Freund Tretjakow entwickelte Konzept der »operativen Literatur« wörtlich nahm, indem er sich der Geheimpolizei als Helfer andiente, wie dies auch zu DDR-Zeiten gang und gäbe war: »Heinz Kahlau hat bei seiner Kulturarbeit im Betrieb einen Karrieristen kennengelernt, beobachtet und studiert, der im Betrieb den Fortschrittlichen mimt, seine Kinder aber reaktionär erzieht. Wie sich die Kinder durch die Erlebnisse im Ferienlager und durch die Hilfe der Jungen Pioniere von den Einflüssen ihres doppelgesichtigen Vaters befreien, soll den Inhalt seines Romans ausmachen«, heißt es in einem Bericht des *Neuen Deutschland* über »Selbstverpflichtungen von Kulturschaffenden«. Dass der Lyriker Heinz Kahlau nach der Wende als Spitzel enttarnt wurde, der unter dem Decknamen *Hochschulz* Freunde und Kollegen ausspionierte, überrascht so wenig wie die Tatsache, dass die Entlarvung des Vaters durch den eigenen Sohn ein Déjà-vu aus den Annalen des Stalinismus ist. 1932, auf dem Höhepunkt der Kollektivierung der Landwirtschaft, denunzierte der vierzehnjährige Pawlik Morozow seinen Vater, weil dieser Getreide gehortet hatte – nur zu verständlich während der durch die Kollektivierung verursachten Hungersnot, die in der Ukraine Millionen Tote forderte. Die GPU stellte den Vater an die Wand, und aufgebrachte Dorfbewohner schlugen den Jungen tot, der postum zum Helden der Sowjetunion ernannt und allen Komsomolzen zur Nachahmung empfohlen wurde. Stalin selbst kommentierte den Vorgang so: »Was für ein kleines Schwein, den eigenen Vater zu denunzieren! Aber wir ernennen ihn zum Vorbild, um den Widerstand der Bauern zu brechen!«

Nach all dem nimmt es nicht wunder, dass auch Sergei Tretjakow dem Terror zum Opfer fiel, dem er literarisch den Weg geebnet hatte. Dass Brecht keinen Finger rührte für den langjährigen Freund, der unter der absurden Beschuldigung, ein japanischer Spion zu sein, verhaftet und erschossen wurde (zusammen mit Isaak Babel und Wsewolod Meyerhold), vervollständigt das deprimierende Bild.

4

Erst nach dem Kollaps der UdSSR wurde bekannt, wie, wann und wo Ossip Mandelstam, Russlands bedeutendster Dichter der ersten Jahrhunderthälfte, ums Leben kam. Mandelstam starb nach dem Besuch einer Sauna, in die die Lagerhäftlinge getrieben wurden, um sich aufzuwärmen und von Ungeziefer zu befreien. Keine als Duschraum getarnte Gaskammer, sondern eine richtige Sauna, die nur einen Schönheitsfehler hatte: Sie war ungeheizt, nicht aus Sadismus wie in deutschen KZs, sondern aus Schlamperei. Ein charakteristisches Detail des Lageralltags, in dem es zwar Suppe gab, aber keine Näpfe und Löffel oder – ein Beispiel, das Solschenizyn im *Archipel Gulag* zitiert – keine Eimer zum Verrichten der Notdurft. Beim Verlassen der Sauna, in der die Häftlinge, bei Temperaturen unter null, nackt ausharrten, war Mandelstam so unterkühlt, dass er in Ohnmacht fiel und an Entkräftung starb.

Dass Schriftsteller zu größerer Verworfenheit fähig sind als gewöhnliche Menschen, zeigt das Gesuch des mehrfach erwähnten Hanns Johst, ihm aus dem besetzten Polen eine Jungfrau zu Studienzwecken zur Verfügung zu stellen. Welche »literarischen« Motive der Nazi-Dichter damit verfolgte, geht aus der Antwort des zuständigen SS-Offiziers hervor: »Berlin, 5.12.1941. Lieber Hanns Johst! Die einzige Möglichkeit, Dir ein passendes ›Mädchen‹ zu besorgen, geht über Litzmannstadt ... Ich hoffe, Dir von dort eine ›Jungfrau‹ zuweisen lassen zu können bzw. Dir in die Arme zu legen. Wenn ich Zeit hätte, würde ich persönlich nach Litzmannstadt fahren und Dir eine Jungfrau suchen, die vor Deinen künstlerischen Augen Gnade findet. Ich selbst verfüge nicht über Jungfrauen, so dass Du Dich noch einige Zeit gedulden musst. Gez. *Lorenz*, SS-Obergruppenführer« (zitiert nach Joseph Wulf: *Literatur und Dichtung im Dritten Reich*, Berlin 1983).

Man ist fast versucht, den SS-Mann in Schutz zu nehmen gegen das Ansinnen des Vorsitzenden der Reichsschrifttumskammer, würde einem nicht bei der Lektüre des Texts das Lachen im Halse stecken bleiben: »Ich selbst verfüge nicht über Jungfrauen.« Die unfreiwillige Komik dieses Satzes erinnert an den abschlägigen Bescheid eines höheren SS-Offiziers auf den per Funk übermittelten Befehl, jüdische Frauen und Kinder in die Pripjet-Sümpfe zu treiben: »Nicht möglich, da kein Einsinken erfolgt.«

5

Hanns Johst und Pjotr Pawlenko waren keine bedeutenden Dichter, und es überrascht nicht, dass sie politisches Engagement durch persönliche Denunziation ersetzten und vor keiner Verdrehung oder Verfälschung der Wahrheit zurückschreckten. »Ein Schriftsteller müsste vielleicht durch eine Art Uniform gekennzeichnet sein wie ein Polizist, damit sich die Leute vor ihm ein bisschen in Acht nähmen«, schrieb Peter Handke in seinem Journal *Das Gewicht der Welt*. Das klingt plausibel, obwohl es keinen zwingenden Zusammenhang zwischen der ästhetischen Qualität und der moralischen Integrität eines Autors gibt. Zwar ist gute Literatur immer auch eine Charakterfrage, aber es ist keineswegs ausgemacht, dass *poetae minores* gewissenloser und käuflicher sind als berühmte Schriftsteller. Das Gegenteil ist der Fall: von Goethe, der eine Kindsmörderin zum Tode verurteilte, Unterdrückung und Zensur rechtfertigte und revolutionäre Umtriebe den Behörden anzeigte, bis zu Brecht, der Thomas Mann als »Reptil« bezeichnete und sich bereit erklärte, Geld zu bezahlen, um dessen Werke verbieten zu lassen. Die »Verstrickungen« Martin Heideggers und Gottfried Benns sind bekannt, auch wenn das Wort allzu verharmlosend klingt. Weniger bekannt ist, was es mit den moralisch-politischen Fehltritten von Louis-Ferdinand Céline und Curzio Malaparte auf sich hat: zwei zwischen Faschismus und Kommunismus pendelnde Autoren, deren Irrtümer lehrreicher sind als die selbstgerechte Empörung, mit der die Nachwelt den Stab über sie bricht – ohne zu bedenken, dass, wer nie gesündigt hat, nicht zur Heiligsprechung taugt.

Céline hieß mit bürgerlichem Namen Destouches, während Curzio Malaparte einen deutschen Vater hatte und Kurt Erich Suckert hieß, bevor er sich das Pseudonym Malaparte zulegte. In der Wahl solcher Künstlernamen lag etwas Bajazzohaftes, das Curzio Malaparte mit Jossif Wissarionowitsch Dschughaschwili verband, der unter dem *nom de guerre* »der Stählerne« eine breite Blutspur durch die Geschichte zog.

So wie der junge Hitler als Arbeitsloser in Wien Aquarelle malte, schrieb Stalin als Klosterschüler in Tiflis Gedichte, die seinen Werdegang vorwegnehmen im Bild eines verkannten Genies, das für das Unverständnis der Welt Rache nimmt:

Durch die Welt gleich einem Schatten
ging er von Tür zu Tür
die Hand entlockte den Saiten
der Panduri den süßesten Klang.
Ruhm und Ehre hätten gebührt
für des Fremden Lautenklang
doch der Pöbel kredenzt eine Schale
gefüllt mit giftigem Trank.
»Trink« – sprachen sie – »du Verfluchter,
dein Los sei nun erfüllt.
Denn wir wollen nicht deine Wahrheit
verkündet mit himmlischer Stimme.«
25. September 1895

Auch Serbiens Diktator Milošević schrieb Gedichte, in denen er den Bosnienkrieg prophezeite und, als Rache für die Missachtung seiner Poesie, Sarajevo in Flammen aufgehen ließ, wie Nero es in Rom vorexerziert hatte.

Mit der 1933 erschienenen *Reise ans Ende der Nacht* schrieb Louis-Ferdinand Céline nach eigener Einschätzung einen »kommunistischen« Roman, der die desillusionierenden Erfahrungen des Autors als Soldat in Flandern und als Handelsvertreter in Afrika und Nordamerika schildert. Trotzki verfasste eine begeisterte Kritik, und obwohl die kleinbürgerliche Perspektive des Romans nicht zur Doktrin des sozialistischen Realismus passt, wurde dieser in großer Auflage in der Sowjetunion gedruckt. Was veranlasste einen von den Kommunisten umworbenen Autor, sich zum antisemitischen Hassprediger und Nazi-Sympathisanten zu entwickeln? Célines berüchtigtes Buch *Bagatelles pour un massacre* erschien nicht erst unter dem NS-Besatzungsregime, sondern 1937 im Frankreich der Volksfront; von vorauseilendem Gehorsam kann keine Rede sein. Noch dazu ist der Text kein geiferndes Pamphlet, sondern Célines dritter Roman nach *Reise ans Ende der Nacht* und *Tod auf Kredit* – was die Sache nicht besser, sondern schlimmer macht!

Das Buch war das Ergebnis einer Reise durch Sowjetrussland, die Céline unternahm, um dort angesammelte Tantiemen aufzubrauchen – Honorare wurden nicht in Devisen, sondern in Rubeln ausbezahlt. Ähnlich wie André Gide kehrte er enttäuscht aus Moskau zurück, aber anders als Gide, der die Abkehr vom Kommunismus mit dem Bekenntnis zu Menschenwürde und Demokratie verband, ging Céline den umgekehrten Weg. Seine Absage an den Stalinismus war weder durch die Schauprozesse motiviert, die gerade ihrem Höhepunkt zustrebten, noch durch das soziale Elend der Bevölkerung, sondern durch eine fixe Idee, die sich zur wahnhaften Gewissheit steigerte: Ähnlich wie in Paris sitzen auch in Moskau Juden an den Schalthebeln der Macht, und alle Übel des Sowjetsystems –

Vetternwirtschaft, Bürokratie und Korruption – führt Céline auf eine zionistische Verschwörung zurück, deren Hintermänner in Paris, London und New York, ja sogar in Berlin (!) die Strippen ziehen. Anfangs kokettierte er nur mit antisemitischen Ideen – nicht aus Überzeugung, sondern aus literarischem Nonkonformismus und ästhetischem Ekel heraus, der Pound zum Parteigänger Mussolinis und Handke zum Fürsprecher von Milošević werden ließ. Aus dem Spiel wurde Ernst, und der selbstzerstörerische Hass auf die bürgerliche Gesellschaft kehrte sich gegen dessen Urheber, als man Céline, der den deutschen Besatzern vorwarf, nicht scharf genug gegen Juden vorzugehen, im befreiten Frankreich als Kollaborateur zum Tode verurteilte.

Der französische Autor Claude Duneton ist Célines Spuren in Dänemark nachgegangen, das ihm nach 1945 Exil gewährte und das Céline in düstersten Farben schildert. In Wahrheit lebte er recht komfortabel in Korsør; ein dänischer Arzt stellte ihm sein Landhaus zur Verfügung, und der örtliche Metzger belieferte ihn gratis mit Rinderfilet, das Céline an seine Katzen verfütterte. Hinterher beschwerte er sich über das schlechte Essen in Dänemark, wo Fleisch nach dem Krieg rationiert war. Einen jüdischen Kritiker aus New York, der eigens nach Korsør reiste, um ihn vom Vorwurf des Antisemitismus reinzuwaschen – der Céline-Fan konnte und wollte nicht glauben, dass der Autor der *Reise ans Ende der Nacht* ein Nazi-Sympathisant war –, beschimpfte er als Judenlümmel und wies ihm die Tür.

6

Es lohnt sich, die Karriere von Kurt Erich Suckert unter die Lupe zu nehmen. Je nach Standpunkt des Betrachters war Curzio Malaparte ein Genie oder ein Gesinnungslump, ein ästhetischer Dandy oder ein politisches Chamäleon, das sein Talent in den Dienst von Faschisten wie Kommunisten stellte und noch dazu das Kunststück fertigbrachte, als Korrespondent des *Corriere della Sera* von Hitlers Russlandfeldzug zu berichten. Fast alles, was Malaparte über seine Kindheit und Jugend geschrieben hat, ist frei erfunden, aber die unglaublichste Geschichte ist wahr. Sein Vater, ein in Zittau geborener Textilkaufmann, hatte sich angewöhnt, Dinge, die andere mit bloßen Händen tun, mit dem Revolver zu erledigen: Er schoss Birnen von den Bäumen und öffnete Sektflaschen mit Meisterschüssen, die angeblich nur den Korken, aber nicht die Flasche beschädigten. Nach dieser Devise hat Malaparte gelebt, obwohl er sich von seinem deutschen Vater distanziert und mit der Bauernfamilie identifiziert hat, zu der seine italienische Mutter ihn in Pflege gab. Nicht nur in der Liebe und Literatur, auch in der Politik spielte er russisches Roulette. Hierfür ein Beispiel: Als die Parteizeitung *L'Unità*, gestützt auf Notizen aus dem Nachlass seines Intimfeinds Gramsci, 1953 eine Pressekampagne gegen ihn entfachte, forderte Malaparte den Chefredakteur Davide Lajolo zum Duell heraus. Lajolo schlug vor, statt sich gegenseitig totzuschießen, sollten die Kontrahenten einander öffentlich ohrfeigen. Malaparte nahm ihn beim Wort und eilte schnurstracks in die Redaktion, wo die beiden nach einem Wortwechsel, der sich bis Mitternacht hinzog, als Freunde voneinander schieden. Ergebnis dieser Freundschaft war eine von der KPI vermittelte Einladung zum Besuch der Sowjetunion und der Volksrepublik China. Schon vorher, während eines Aufenthalts in Chile, hatte Malaparte, von Pablo Neruda inspiriert, seine Sympathie für den Kommunismus entdeckt, und weder die Niederschlagung des Ungarn-Aufstands noch Mao-Tsetungs Weigerung, zu Lagerhaft verurteilte katholische Bischöfe freizulassen, konnten seine Parteinahme erschüttern. Auf der Chinareise erlitt er einen Schwächeanfall, die Ärzte diagnostizierten Lungenkrebs im fortgeschrittenen Stadium, und Malaparte starb in einer römischen Klinik als Mitläufer der KPI, die er als Faschist der ersten Stunde bekämpft hatte. Was seinen Sinneswandel beschleunigte und die Akzeptanz des Dichters in linken Kreisen beförderte, war die Tatsache, dass Malaparte von Mussolini auf die Insel Lipari verbannt worden war, sowie der Umstand, dass er in seinen Kriegsberichten aus Russland Vorbehalte gegen die Wehrmacht und Verständnis für die Sowjetarmee äußerte. Das gilt nur für die spätere Buchausgabe, nicht aber für die im *Corriere della Sera* gedruckten Reportagen; ein Blick in die Zeitung hätte die Leser eines Besseren belehrt. Bei einem Bombenangriff auf Mailand waren die Druckstöcke verbrannt, und als sich nach der Landung der Alliierten in Sizilien das Blatt wendete, schrieb Malaparte seine Frontberichte um: Aus asiatischen Horden wurden klassenbewusste Proletarier, und Stalin avancierte vom Massenmörder zum Kriegshelden. Dabei ging er mit der historischen Wahrheit ähnlich sorglos um wie in den Romanen *Die Haut* und *Kaputt*, die angeblich Erlebnisse des Autors schildern:

> »Als Dietl den Arm hob und *Heil Hitler!* rief, stand der Mann auf, und jetzt erkannte ich ihn. Es war Himmler. Er stand uns gegenüber, auf seinen Plattfüßen, deren große Zehen seltsam nach aufwärts gebogen waren, die kurzen Arme hingen ihm seitlich herab. Ein Schweißbach rann wie aus einer Wasserleitung von seinen Fingerspitzen; selbst von seinem Penis strömte ein Wasserstrahl, so dass Himmler aussah wie die Figur des Manneken Pis in Brüssel. Um die schlaffen Brüste sprossen zwei kleine Haarkronen, zwei Mondhöfe lichtblonder Haare; von den Brustwarzen spritzte der Schweiß wie Milch.«

Es ist mehr als zweifelhaft, ob Malaparte in einer finnischen Sauna Himmler begegnete. Doch die Frage, ob es sich um poetische Freiheit oder platte Geschichtsfälschung handelt, geht an der Sache vorbei, denn die innere Wahrheit der Literatur ist nicht identisch mit der äußeren Wirklichkeit: In die politische Botschaft des zitierten Texts ist ein erotischer Subtext eingeschrieben, dessen tiefere Bedeutung sich erst erschließt, wenn man frühere Werke des Autors zurate zieht. »Hitler ist der Diktator«, heißt es in *Die Technik des Staats-streichs*, »die Frau, die Deutschland verdient. Es ist die weibliche Seite seines Wesens, die Hitlers Erfolge er-klärt, seine Anziehungskraft auf die Massen und die Begeisterung, die ihm die Jugend entgegenbringt. In den Augen der Kleinbürger ist Hitler ein Asket, ein Mystiker der Aktion, der keine Frauengeschichten auf seinem Konto hat. Besser gesagt, der nichts von einem Mann an sich hat ... Bedroht von denjenigen, die er de-mütigt und erniedrigt, verteidigt sich der Diktator mit extremer Energie gegen die Revolte seiner Anhänger: Die Frau in ihm schlägt zurück.«

Malaparte schrieb diesen prophetisch anmutenden Text zwei Jahre vor Hitlers Machtergreifung, als der Zweite Weltkrieg noch in der Ferne lag: So als habe er den Röhm-Putsch vorausgeahnt, mit dem Hitler nicht nur eine drohende Revolte der SA, sondern auch seine eigene, latente Homosexualität niederschlug. Insofern ist die Charakterisierung des Führers als Frau mehr als ein geistreiches Bonmot, und selbst strenge Kriti-ker konnten Malapartes Erzählkunst die Anerkennung nicht versagen. Dass er auf dem Höhepunkt des Krie-ges, während sich in Stalingrad das Schicksal Euro-pas entschied, Geld scheffelte, um eine Luxusvilla auf Capri zu bauen (berühmt geworden als Schauplatz von Godards Film *Die Verachtung*), passt ebenso ins Bild wie sein Anknüpfen an illustre Vorläufer, deren Populari-tät in Italien bis heute ungebrochen ist – trotz oder wegen ihrer Amoralität.

Hier ist in erster Linie Gabriele D'Annunzio zu nennen, der 1918 Flugblätter über Wien abwarf und als Freischarführer die Internationalisierung der Hafenstadt Fiume verhinderte. Vom König zum Dichterfürsten geadelt, kaufte D'Annunzio sich eine Villa am Gardasee, in deren Garten er das Vorschiff des Panzerkreuzers *Calabria* aufbocken ließ, während der Doppeldecker, von dem aus er über Wien Flugblätter abgeworfen hatte, an der Decke des Speisesaals hing: eine effektvolle Inszenierung, die Malapartes Villa in Capri noch überbot. Errichtet auf einer unter Naturschutz stehenden Felsklippe – nur durch mafiose Beziehungen hatte er die Baugenehmigung erlangt – mit acht mal fünfzehn Meter großem Salon und Panoramafenstern mit Blick aufs Meer. Daneben lagen die Schlaf- und Arbeitsräume sowie das *Zimmer der Favoritin* – so die Inschrift auf einer Marmortafel, bei deren Anblick eine Adlige aus Rom empört abreiste. Anders als Hitlers Berghof war Malapartes Villa ultramodern, Zeugnis eines pompösen, doch exquisiten Geschmacks.

Zu seinen selbstgewählten Vorbildern gehörte Pietro Aretino, der sich als *Geißel der Fürsten* bezeichnete (*il flagello dei principi*), mit Päpsten, Kaisern und Königen anlegte und fürstlich dafür bezahlen ließ, angedrohte Satiren *nicht* zu schreiben. Sowohl Karl V. als auch Jakob I. von England und Franz I. von Frankreich schickten ihm Geld, letzterer sogar eine goldene Amtskette mit ineinander verbissenen Schlangen – eine Anspielung auf das Gift, das Aretino versprühte, und auf seinen satirischen Biss. Er ließ Münzen und Medaillen prägen mit seinem Porträt und der Aufschrift DIVUS PETRUS ARETINUS FLAGELLUM PRINCIPUM, bei deren Anblick Sultan Suleiman der Prächtige sich erkundigt haben soll, wer dieser Monarch sei. Tizian malte sein Porträt, und sogar Michelangelo war gezwungen, sich mit Aretino gut zu stellen, um dessen übler Nachrede zu entgehen. Der kindlich wirkende Größenwahn, der aus der folgenden Selbstdarstellung spricht, ist nicht naiv, sondern Teil einer höchst modernen Marketing-Strategie:

»Ich werde durch so viele Besucher bei der Arbeit gestört, dass die Treppenstufen meines Hauses von Schuhsohlen abgeschliffen sind wie die Pflastersteine des Kapitols von den Rädern der Triumphwagen. Türken, Juden, Inder, Franzosen, Deutsche und Spanier umlagern ständig meine Tür, ganz zu schweigen von Bittstellern aus Italien. Soldaten und Diplomaten aller Herren Länder, Priester und Mönche geben sich die Türklinke in die Hand, und jeder Besucher trägt mir seine echten oder eingebildeten Beschwerden vor. Ich bin das Orakel der Wahrheit, und man nennt mich den Ersten Sekretär der Welt.«

Das Selbstlob klingt bescheiden im Vergleich zu den Epitheta, mit denen Aretino sich in Venedig überhäufen ließ: »Schmuck der Erde, Schatz des Meeres, Ruhm des Himmels, zweiter Sohn Gottes und fünfter Evangelist, der mit der Feder mehr Fürsten besiegt als Alexander der Große mit dem Schwert, und dem sich die Republik Venedig zu Füßen wirft.« Dass der gött-

liche Aretino erotische Sonette dichtete, deren Frei-
zügigkeit bis heute verblüfft, steht auf einem anderen
Blatt.

Spiel mir das Lied vom Tod
Paul Celan und kein Ende

Dies wird ein Essay, wie ich ihn nicht mag: gespickt mit Zitaten sowie nicht zu Ende gedachten oder übers Ziel hinausschießenden Gedanken. Doch genau das ist der Grund, warum ich den Text schreibe: um etwas herauszufinden, das ich nicht schon vorher gewusst habe.

Die Nationalhymne der Nachkriegsdeutschen – mit Krieg ist der Zweite Weltkrieg gemeint, der untrennbar mit dem Ersten verbunden war und aus diesem hervorging – stammt weder von Rudolf Alexander Schröder noch von Johannes R. Becher oder Bertolt Brecht. Sie stammt von einem Holocaust-Überlebenden aus Czernowitz, der mit bürgerlichem Namen Antschel hieß und unter dem Pseudonym Celan Gedichte schrieb. Nationalhymnen sind höherer Kitsch, blutrünstig und schaurig schön: »Marchons, marchons qu'un sang impur abreuve nos sillons« – so der Refrain der *Marseillaise*, bei dessen Absingen es senegalesischen Schützen, algerischen Spahis und Fußballspielern aus Ex-Kolonien kalt über den Rücken gelaufen sein muss – Blut und Boden, wenn man so will. Die Todessehnsucht tritt noch klarer zutage in der Nationalhymne Haitis, einst Frankreichs lukrativste Kolonie, deren Bewohner, aus Afrika verschleppte Sklaven, aus eigener Kraft ihre Freiheit und Unabhängigkeit erkämpften: »Mourir est beau«, heißt es da, »pour la patrie, pour le drapeau, mourir est beau, mourir est beau ...«

»Aber nicht das Leben, das sich vor dem Tode scheut und von der Verwüstung rein bewahrt, sondern das ihn erträgt und in ihm sich erhält, ist das Leben des Geistes«, schreibt Hegel in der *Phänomenologie*. Dem ist Richard Wagners vielzitierter Satz an die Seite zu stellen: »Deutsch sein heißt, eine Sache um ihrer selbst willen tun.« Bekanntlich war Wagner Antisemit, und wer beides zusammendenkt, Todessehnsucht und deutsche Gründlichkeit, stößt unweigerlich auf das Gedicht von Paul Celan, das den archimedischen Punkt benennt, an dem das Selbstverständnis Nachkriegsdeutschlands mit der Judenvernichtung zusammenfällt, ein Dante'sches Inferno, für dessen realexistierendes Grauen der Ortsname Auschwitz steht. In der ersten, rumänisch geschriebenen Fassung hieß der Text *Tango des Todes*, und erst als Celan den Tango durch die Fuge und somit Carlos Gardel durch den deutschesten aller Komponisten, Johann Sebastian Bach ersetzte, fand das Gedicht seine endgültige Form. Die *Todesfuge* ist eine Schauerballade, und dass der schneidende Ton, in dem der Autor 1952 in Niendorf die Verse vortrug, den Leiter der Gruppe 47 an Joseph Goebbels erinnerte, gehört ebenso zur Wirkungsgeschichte wie Theodor W. Adornos später revidierter Satz, nach Auschwitz ein Gedicht zu schreiben sei barbarisch. Hans Werner Richter bedauerte es im Nachhinein, Celan mit Goebbels verglichen zu haben, und er entschuldigte sich dafür. Von hier aus führt ein verschlungener Weg voller Fußangeln und Missverständnisse zur Paulskirchen-Rede von Martin Walser, der, sich selbst Mut zusprechend, vor der Auschwitz-Keule warnte, die er so wortreich beschwor.

Kein Gedicht der deutschsprachigen Nachkriegsliteratur wurde häufiger in Lesebüchern und Anthologien nachgedruckt, kein Text so oft Zeile für Zeile, Wort für Wort, Silbe für Silbe von Schülern und Studenten abgeklopft wie Celans *Todesfuge*. Deren Vorläufer und Anreger sind bekannt: Die aus Czernowitz stammende Rose Ausländer prägte schon vor dem Krieg die bei Celan leitmotivisch wiederkehrende Metapher »schwarze Milch«; und in dem erst 1970 publizierten, aber 1944 entstandenen Gedicht *ER* von Immanuel Weißglas, einem Schulkameraden und Jugendfreund des Dichters, wird das gesamte Personal aufgeboten, dem Celans Poem zu trauriger Berühmtheit verhalf: vom Tod als Meister aus Deutschland, der seine Knechte Gräber schaufeln und zum Tanz aufspielen lässt, während er mit Schlangen spielt, bis zum Grab in den Lüften und weiter zu Gretchens Haar. Jede dieser Metaphern, für sich genommen, ist schauerlich genug, aber erst die effektvolle Inszenierung in einer vom Surrealismus beeinflussten *écriture automatique*, die mit den Mitteln der Wiederholung, mit Reimen und Assonanzen arbeitet, machte den Horrorfilm zum Kunstwerk, dem die Quadratur des Kreises gelang: Der Beweis, dass ein Gedicht frei erfunden und doch wahr, schrecklich und schön zugleich sein kann. Dieses Problem trieb schon Lessing um, als er im *Laokoon*-Essay die Frage aufwarf, wieso die Darstellung des mit seinen Söhnen von Schlangen erwürgten Priesters, der Trojas Untergang prophezeit, wieso auswegloses Leiden, das als abstoßend und hässlich galt, ästhetisches Wohlgefallen erregt? Auch der Meister aus Deutschland spielt mit Schlangen, Symbole des Sündenfalls, der Adam und Eva aus dem Paradies vertrieb, wobei das absolut Böse als Fingerzeig auf den Nationalsozialismus gelesen werden kann, dessen Ansturm die Weimarer Republik erlag. Die Assoziation ist nicht abwegig, denn schon bei Weißglas, noch deutlicher aber bei Celan ist von Margarete alias Gretchen die Rede: »Dein goldenes Haar Margarete / dein aschenes Haar Sulamith«, so lautet eine an Schlüsselstellen wiederholte Wendung und zugleich das Fazit des Gedichts.

Wollte Celan damit andeuten, dass im Zuge der Judenvernichtung auch die deutsche Kultur unterging, deren Liebreiz Goethes Gretchen mehr als andere literarische Figuren verkörpert? Das mag plausibel klingen, ist aber zu weit hergeholt, als habe der Dichter der *Todesfuge* Richard Wagners Götterdämmerung vor Augen gehabt, wo Brünnhilde den Scheiterhaufen besteigt, der die germanischen Helden verschlingt. Dazu passt, was Wagner in seiner berühmt-berüchtigten Schrift *Das Judentum in der Musik* anmerkt zum seiner Ansicht nach antagonistischen Gegensatz deutscher und jüdischer Kultur: »Gemeinschaftlich mit uns Mensch werden, heißt für den Juden aber zuallernächst so viel als: aufhören, Jude zu sein. (...) Aber bedenkt, dass nur eines eure Erlösung von dem auf euch lastenden Fluche sein kann: die Erlösung Ahasvers – der *Untergang*!«

Eine andere Analogie drängt sich auf, die, wie mir scheint, noch keine gebührende Beachtung fand: die Schlussszene von *Faust II*. Anders als im ersten Teil geht es hier nicht um Liebe, sondern um Politik, um koloniale Landnahme genauer gesagt: Der erblindete Faust klammert sich an den Türpfosten seines Palasts und glaubt in völliger Verkennung der Tatsachen, dem Ausschachten eines Kanals beizuwohnen, der Neuland vom Meer abtrennen und für Siedler urbar machen soll – eine soziale Utopie, wenn man so will. Dass die Schippen schwingenden Arbeiter in Wahrheit Lemuren sind, »aus Ligamenten und Gebein / geflickte Halbnaturen«, entgeht Faust ebenso wie die Tatsache, dass die Zombies *sein* Grab schaufeln. Ein Mephistos würdiger, wahrhaft teuflischer Plan, bei dem Fausts Vision einer befreiten Gesellschaft mit seinem Tod zusammenfällt, ohne dass er die Selbsttäuschung und den Betrug durchschaut, dem Philemon und Baucis zum Opfer fallen, obwohl Faust das alte Ehepaar zu schonen befahl. Nicht zum ersten, auch nicht zum letzten Mal geht die Verwirklichung der Utopie über Leichen, und es gehört zur Ironie der Geschichte, dass ausgerechnet die Verse, in denen Goethe die Vision des sterbenden Faust als Teufelswerk entlarvt, in der Frühzeit der DDR als Voraussage des Arbeiter- und Bauernstaats gedeutet, in Festreden beschworen und in Sockel gemeißelt wurden:

»Solch ein Gewimmel möcht ich sehn, / Auf freiem Grund mit freiem Volke stehn. / Zum Augenblicke dürft' ich sagen: / Verweile doch, Du bist so schön! / Es kann die Spur von meinen Erdentagen / nicht in Äonen untergehn. / Im Vorgefühl von solchem hohen Glück / Genieß ich jetzt den höchsten Augenblick. // FAUST sinkt zurück, die LEMUREN fassen ihn auf und legen ihn auf den Boden.«

»Faust's final speech is a prophecy of Marxism«, merkt ein britischer Germanist hierzu an, und die parteioffizielle Vereinnahmung Goethes hört sich so an: »Wechselbeziehungen in der objektiven Entwicklung gesellschaftlicher Prozesse sind philosophisch tief erfasst und künstlerisch meisterhaft in knapper Formulierung zusammengezogen,... weil er die Sozialstruktur einer künftigen Gesellschaft deutlich genug als die einer nicht mehr bürgerlichen konturiert.«

Nicht erst der Kollaps der DDR hat diese ideologische Verlautbarung Lügen gestraft. Eine weitere Ironie der Geschichte liegt darin, dass das Ausschachten von Kanälen, dem Faust beizuwohnen glaubt, zum Wesenskern totalitärer Staaten gehört, die auf Großbaustellen wie dem Wolga-Weißmeer-Kanal oder dem Dreischluchtendamm in China, Trassen durch die sibirische Taiga oder V2-Produktionsstätten in Peenemünde und im Harz Häftlinge versklavten, um ihre despotische Herrschaft zu sichern. In seinem Standardwerk über hydraulische Gesellschaftssysteme hat Karl August Wittfogel diese Thematik über Azteken und Mayas bis ins alte Ägypten zurückverfolgt. Hybris kommt vor dem Fall, und Umweltkatastrophen wie die durch Kanalbauten bewirkte Austrocknung des Aralsees, die zur Versalzung und Versteppung weiter Gebiete führte, sind der Beweis dafür.

Nach der Tragödie die Farce: In meinem Zweitwohnsitz an der Elbe schoss der Sohn des tödlich verunglückten Dorfbäckers sich eine Kugel in den Kopf, weil er keine Möglichkeit sah, den väterlichen Betrieb weiterzuführen gegen die Konkurrenz einer Supermarktkette. Zur Inszenierung seines Suizids legte er eine Schallplatte auf: *Spiel mir das Lied vom Tod*, die von Ennio Morricone komponierte Musik zu dem gleichnamigen Italo-Western, die wie der aus Ungarn stammende Song *Trauriger Sonntag* eine Suizidwelle auslöste. Damit nicht genug: Die Hauptrolle spielte Henry Fonda, der in Hollywood-Filmen stets das Gute oder den Guten darstellte, hier aber gleich zu Anfang eine Farmerfamilie mit Frau und Kindern auslöscht – ein Tabubruch, wie er im klassischen Western nicht vorkommt. Fonda hat stahlblaue Augen, und wie der Meister aus Deutschland zielt und trifft er genau.

Brauchen wir eine Neuauflage von 1968?

> I saw the best minds of my generation
> destroyed by madness...
> *Allen Ginsberg: Howl*

1

Im März 2012 besuchte ich zusammen mit Peter Schneider, dem Verfasser des *Mauerspringers* und der Novelle *Lenz*, Günter Grass in dessen Landhaus bei Lübeck. Wir waren mit Grass befreundet, so weit man befreundet sein konnte mit einem keinen Widerspruch duldenden Egozentriker, der keine Freunde, sondern nur Jasager um sich scharte. Aber unsere Differenzen führten nie zum offenen Bruch, und wir nahmen erwartungsvoll Platz an einem mit Räucherfisch gedeckten Tisch mit Blick auf eine Obstwiese, auf der sich das Personal der Grass-Romane tummelte: Nonnen, Zwerge, böse Köche und die Bronzeskulptur eines Gänsebratens. »Brauchen wir eine Neuauflage von 1968?«

Mit dieser Frage versuchte der Gastgeber, uns aus der Reserve zu locken. Grass war ein Meister rhetorischer Fragen, die er rhetorisch beantwortete, und es gab kaum ein kontroverses Thema, zu dem der Autor der *Blechtrommel* sich im Lauf der Jahre *nicht* geäußert hatte. Er protestierte gegen den Bau der Berliner Mauer, aber auch gegen die Wiedervereinigung, wie Helmut Kohl sie vollzog, schimpfte auf die abstrakte Kunst und lobte Fahrrad-Rikschas, die er in Kalkutta schätzen gelernt hatte, wünschte sich eine neue Gruppe 47 und verwünschte Marcel Reich-Ranicki, dessen Kritikerkarriere dort begonnen hatte. Hinweise auf Widersprüche und Ungereimtheiten pflegte er zu kontern mit dem Satz, auch wenn er sich manchmal irre, sei er trotzdem im Recht.

Jetzt sprach sich Grass für eine Neuauflage der Gruppe 47 *und* der Studentenrevolte aus, als gehöre beides untrennbar zusammen. Vor Tisch klang das anders, denn 1968 hatte er die Außerparlamentarische Opposition attackiert und statt eines revolutionären Rundumschlags für Willy Brandts Reformkurs plädiert. Sein *Tagebuch einer Schnecke* ist der literarische Niederschlag dieser Epoche. Dazu gehörte Mut, denn der Zeitgeist vor und nach 1968 war gegen Günter Grass, der nie an der Universität studiert hatte und wenig Verständnis aufbrachte für den Verbalradikalismus wild gewordener Bürgersöhne, denen Vati am Monatsende einen Scheck schickte: Damals war der Anteil von Arbeiterkindern unter Studenten noch geringer als heute. Hans Magnus Enzensberger, Martin Walser und Peter Weiss entdeckten ihre Liebe zur Revolution, während Grass sich in den Schmollwinkel zurückzog und den linken Säulenheiligen Brecht vom Sockel zu stürzen versuchte, indem er *Die Plebejer proben den Aufstand* schrieb, einen missglückten Gegenentwurf zu Peter Weiss' Drama *Marat/Sade*. Und ich erinnere mich, wie irritiert ich war, als Grass öffentlich erklärte, der Sechstagekrieg Israels gegen Ägypten, Syrien und Jordanien sei ihm wichtiger als der Tod des Studenten Benno Ohnesorg: Das war nachvollziehbar, obwohl eine ressentimentgeladene Verkennung des Studentenprotests aus seinen Worten sprach.

2

»Bliss was it in that dawn to be alive / but to be young was very heaven«, schrieb der englische Dichter William Wordsworth, als er ein Jahr nach dem Sturm auf die Bastille in Calais französischen Boden betrat. »Diese Morgenröte zu erleben, war herrlich / und jung zu sein, war himmlisch.« Die Revolution befand sich in ihrer euphorischen Phase, und der Umschlag von Befreiung in Unterdrückung war im Sommer 1790 noch nicht voraussehbar. »Wie schön erglüht das Gesicht, wenn die Freude jedes Einzelnen die Freude von Millionen ist«, heißt es weiter bei Wordsworth, und dieses weltumspannende Gefühl, das Schillers Hymne *An die Freude* ebenso beseelt wie Beethovens Neunte Symphonie, dieses Hochgefühl war charakteristisch für den kulturrevolutionären Aufbruch von 1968. Geschichtsoptimismus ist ein zu schwaches Wort, und es ist schwer, ja unmöglich, den Enthusiasmus jener

Jahre Nachgeborenen zu vermitteln, die die Begeisterung nicht persönlich erlebt und am eigenen Leib gespürt haben.

Zunächst einmal handelte es sich um eine abrupte Beschleunigung der Zeit, die vorher zähflüssig verlief oder auf der Stelle trat, während nunmehr in wenigen Wochen alles in Bewegung geriet in einem unwiderstehlichen Sog, der nicht nur die Gesellschaft veränderte, sondern auch die Individuen erfasste und vom Kopf auf die Füße stellte: eine Epochenwende wie der Mauerfall, nach dem nichts mehr so war wie zuvor. Nur mit dem Unterschied, dass die 1968er Revolte in eine Zeit der Vollbeschäftigung und Hochkonjunktur fiel, in der alles möglich zu sein schien: Herbert Marcuses Utopie einer befreiten Gesellschaft, in der die Arbeitszeit auf ein Minimum reduziert und die materielle Produktion von Maschinen erledigt wird, schien greifbar nahe zu sein.

Im Unterschied zur Wende vom Herbst 1989 war die Studentenrevolte mehr als nur ein politischer Protest gegen den Krieg in Vietnam, die Notstandsgesetze und die Berichterstattung der Bildzeitung, die linke Demonstranten als Gammler und Chaoten diffamierte. In Slogans wie *Die Phantasie an die Macht* oder *Unter dem Pflaster der Strand* bündelten sich teils einander ergänzende, teils einander widersprechende Themen und Motive: von sexueller Befreiung – Stichwort Antibaby-Pille – über Familie und Erziehung bis zur Kritik an der Ordinarienuniversität nach der Devise: *Unter den Talaren der Muff von tausend Jahren.* Was die Diskussionen über Geschlechterrollen, über Frauenemanzipation und Homosexualität mit Kinderladenbewegung und Antipsychiatrie verband, war die Ablehnung autoritärer Strukturen in Schule und Universität, Justiz und Medizin, Presse und Medien einschließlich des Kulturbetriebs. Kleinster gemeinsamer Nenner war das kritische Hinterfragen überkommener Verhaltensmuster und die satirische Entlarvung angemaßter Autorität, wie sie beispielhaft die Antwort Fritz Teufels auf die Aufforderung des Richters, sich vom Stuhl zu erheben, zum Ausdruck brachte: »Wenn es der Wahrheitsfindung dient ...«

Innere und äußere Befreiung, Marx und Freud, schienen zwei Seiten derselben Sache zu sein, und die Attraktivität der Revolte lag darin, dass und wie sich der politische Protest mit erotischen Impulsen verband. »Denn was wäre diese Revolution / ohne eine allgemeine Kopulation!« singt der Chor der Irren in Peter Weiss' Drama *Marat/Sade*, das den kulturrevolutionären Zeitgeist von 1968 vorwegnahm. Dazu passt der wie eine Dampframme hämmernde Refrain der Rolling Stones *I can't get no satisfaction* ebenso wie der Stoßseufzer von Dieter Kunzelmann aus der Kommune eins, seine Orgasmusprobleme seien ihm wichtiger als der Krieg in Vietnam.

Der antifaschistische Impuls der Studentenproteste ist unbestritten, doch die These, die Kritik der 1968er Generation an ihren Nazi-Vätern habe der Vergangenheitsbewältigung gedient, stimmt so nur zum Teil: Einerseits waren autoritäre Charakterstrukturen und Gesellschaftshierarchien älter als das NS-Regime, ihre Wurzeln reichten zurück bis zur Kaiserzeit und zum preußischen Obrigkeitsstaat. Andererseits hatten der Frankfurter Auschwitz-Prozess und das darauf beruhende Drama *Die Ermittlung* von Peter Weiss mehr für die Aufarbeitung der Vergangenheit bewirkt als die Kampagnen der Außerparlamentarischen Opposition, die den Israel-Freund Axel Springer an den Pranger stellte, sich aber nur am Rande für den Holocaust interessierte.

Drittens – das wurde häufig konstatiert – haben Teile der linksradikalen Szene in ihrem Freund-Feind-Denken und ihrer aggressiven Intoleranz unbewusst autoritäre und sogar faschistoide Verhaltensmuster reproduziert. Das gilt für die rigorose Kaderdisziplin maoistischer Parteien ebenso wie für die Alles-oder-nichts-Strategie der Roten Armee Fraktion, deren Gewaltverherrlichung an Goebbels' Slogan *Wollt ihr den totalen Krieg?* erinnerte. Trotzdem wäre es falsch, die Studentenrevolte und die Nazibewegung in einen Topf zu werfen und das Kind mit dem Bade auszuschütten, wie der Historiker Götz Aly es tat: Auch in der Französischen Revolution wurde die Erklärung der Menschenrechte durch Robespierres Terror zwar überlagert, aber nicht widerlegt. Produktiver als die fahrlässige Gleichsetzung von 1933 und 1968 scheint mir Peter Schneiders Versuch, unter den politischen Verkrustungen und dogmatischen Erstarrungen späterer Jahre den ursprünglichen Impuls der Befreiung freizulegen. »Damals schien alles möglich, besonders das Unmögliche, und wir fühlten uns von der Geschichte selbst dazu berufen, eine andere Gesellschaft nach neuen Regeln aufzubauen«, schreibt Schneider in seinem Buch *Rebellion und Wahn* und vergleicht die Anziehungskraft der Utopie mit einem »Rausch ohne Drogen, der von unseren Gehirnen und Herzen Besitz ergriffen hatte«. Allerdings habe dieser Rausch schnell an Wirkung verloren, sobald man die Tür der Wohngemeinschaft hinter sich schloss – sofern das Zimmer noch eine Tür hatte: eine Denkfigur, die sich heutzutage nur schwer nachvollziehen lässt. Damals galten geschlossene Türen als bürgerlich-reaktionäres Symbol der Vereinzelung und Privatheit, während offene oder ausgehängte Türen zweierlei signalisierten: den frischen Wind der Befreiung, aber auch die Kontrolle des Einzelnen durch das Kollektiv.

4

Es gibt einen Ausspruch von Mao Tse-tung, der unwiderlegbar ist: Rebellion ist gerechtfertigt – an jedem Ort und zu jeder Zeit. Der Nachsatz stammt nicht von Mao, sondern von Albert Camus, dessen Buch *Der Mensch in der Revolte* den Umschlag von Befreiung in Unterdrückung thematisiert: Die Revolution verrät den kreativen Impuls der Revolte und münzt ihn in Gewalt und staatlichen Terror um. Hier liegt das Scheitern des Aufbruchs von 1968 begründet, der im Amoklauf der RAF explodierte und im Dogmatismus der K-Gruppen versandete; die ursprüngliche Spontaneität wurde durch rigide Organisation oder militärischen Drill ersetzt, und öde Scholastik verdrängte die emanzipatorische Phantasie. Es ist richtig und notwendig, die Irrtümer und Illusionen jener Jahre unter die Lupe zu nehmen, solange die Selbstprüfung nicht zur Hexenjagd wird: Bekanntlich waren die schärfsten Kritiker der Elche früher selber welche. Nach der Methode *Haltet den Dieb* versuchten ehemalige Maoisten, Straßenkämpfer und RAF-Sympathisanten von ihrer linksradikalen Vergangenheit abzulenken, indem sie mit spitzem Finger auf jeden zeigten, der irgendwann einen Pflasterstein aufgehoben oder Gewalt befürwortet hatte. Diese Doppelmoral erinnert an die antikommunistische Hysterie der McCarthy-Zeit, aber auch an die Stalin-Ära, als man, um sich zu exkulpieren, seine Nachbarn denunzierte: *Guilt by association* (Schuld durch Assoziierung) hat Hannah Arendt das genannt.

Rückwärtsgewandte politische Korrektheit trägt wenig bei zum Verständnis des »roten Jahrzehnts«, und pharisäische Selbstgerechtigkeit ist auch heute fehl am Platze, denn wer nie im Leben gegen Eltern und Lehrer, Polizei und Staat rebellierte, ist ein Duckmäuser und politischer Opportunist. Eine Biographie ohne Brüche ist keine, so wie es keine Mathematik ohne Bruchrechnung gibt und keinen Fortschritt in Wissenschaft und Kunst ohne Regelverstöße und Tabuverletzungen. Wer nie über die Stränge schlug und die staatliche Ordnung nie radikal in Frage gestellt hat, kann diese auch nicht glaubhaft verteidigen, weil die Demokratie nicht die beste aller möglichen Welten ist, sondern nur die am wenigsten schlechte aller schlechten Regierungsformen. Diese umstürzlerische Einsicht stammt nicht von Albert Camus, sondern von Winston Churchill, dem erzkonservativen britischen Premier. Wenn es politisch korrekt zuginge, müssten solche Gedanken verboten werden, weil sie das Gewaltmonopol des Staates untergraben, aber der Teufel lässt sich nicht mit Beelzebub austreiben, und wer Drachen ausrotten will, schreibt Nietzsche, wird selbst zum Drachen. Auch dazu hat Camus das Entscheidende gesagt: »Der Totalitarismus ist schlimmer als alle Übel, die er zu bekämpfen vorgibt.« So besehen war 1968 ein radikaldemokratischer Aufstand, der höchst widersprüchliche Impulse bündelte: die Abrechnung mit den Nazi-Vätern und den Abbau von Feindbildern des Kalten Kriegs, gekoppelt mit antiautoritärer Erziehung und erotischer Libertinage. Jedes dieser Motive war, für sich genommen, harmlos: Miteinander kombiniert ergaben sie ein explosives Gemisch, das schlagartig die Atmosphäre reinigte – nicht mit Semtex oder Dynamit, sondern durch neue Ideen.

Dem widersprach die Berufung auf den bewaffneten Kampf in der Dritten Welt: Aber Mao und Che Guevara waren Pop-Ikonen, und die Nachrichten aus China, Kuba oder Vietnam klangen damals so märchenhaft wie Geschichten aus *Tausendundeine Nacht*, weil Flugreisen umständlich und teuer und der Augenschein vor Ort einer Handvoll Diplomaten und Journalisten vorbehalten war. Der leichtfertige Umgang der radikalen Linken mit roten Fahnen war ähnlich fragwürdig wie später das Kokettieren der Punk-Rebellen mit Nazisymbolen. Umso böser das Erwachen und umso grausamer die Ernüchterung, als die Wahrheit über die chinesische Kulturrevolution, den Völkermord in Kambodscha und die Umerziehungslager für Homosexuelle in Kuba durchsickerte. Trotzdem hat die Studentenrevolte zur Selbstfindung der Individuen ebenso beigetragen wie zum Mündigwerden einer Generation, die den politischen Konsens der Bundesrepublik, im Guten wie im Schlechten, bis heute prägt.

VI. BLICK ZURÜCK NACH VORN

Gert Loschütz:
Johannes Schenk baut einen Stuhl

Es ist alles ganz einfach
ein Stuhl sagt er
hat vier Beine einen Sitz eine Rückenlehne
unser Stuhl bekommt noch zwei Armlehnen
unser Stuhl kann sich sehen lassen
du kannst darum herumgehen
und dir vorstellen
Brecht sitzt auf deinem Stuhl
Der Stuhl wird ein Gedicht sagt er
ich sehe es vor mir

was fällt dir dabei ein
mit dem Stuhlbein ein Gedicht schreiben
ist der Stuhl noch frei
Stuhl um Stuhl
heute schon Stuhl gehabt
mit dem Stuhl durch die Wand gehen
der Stuhl hat seine Schuldigkeit getan
wenn ich alle Stühle zusammenzähle
die Realität macht einem alles kaputt:
man trifft den Nagel auf den Kopf
und dann

ein Stuhl sagt er jetzt
was ist ein Stuhl
der Ho-Chi-Minh-Pfad bestuhlt
dass ich nicht lache
die meiste Zeit sitzt du in Kneipen rum
gehst du nicht zu Demonstrationen
was brauchst du einen Stuhl

Um dieses Gedicht zu interpretieren, muss ich gleich zwei Autoren vorstellen: Gert Loschütz, Jahrgang 1946, der als Kind mit seinen Eltern aus der DDR in die BRD übersiedelte, genauer gesagt von Genthin nach Dillenburg, und in der Erzählung *Flucht* seiner Geburtsstadt ein Denkmal setzte. Loschütz schreibt Gedichte und Prosa, Drehbücher und Hörspiele; sein bekanntestes Buch heißt *Dunkle Gesellschaft* und greift das Motiv des Totenschiffs auf, das nicht erst seit Traven durch die Literarhistorie geistert; Loschütz war selbst Matrose und fuhr als Jugendlicher auf einem Frachter nach Murmansk. Sowie den 1941 geborenen und 2006 verstorbenen Johannes Schenk. In der Terminologie von Carl Schmitts Essay *Land und Meer* war Schenk ein Seeschäumer, und in einer biographischen Notiz für das PEN-Autorenlexikon charakterisierte er seinen Werdegang so: »Aufgewachsen in Worpswede, wurde ich mit vierzehn Seemann. Sechs Jahre auf verschiedenen Frachtdampfern. 1962 machte ich mit einem zum Segler umgebauten Rettungsboot allein eine Reise nach Casablanca. In Berlin gründete ich mit Freunden das Kreuzberger Straßentheater. Schreibe Gedichte, Stücke und Geschichten.« Schenks Vater war Schriftsteller, die Mutter Künstlerin, und aus Berlin, wo er die Studentenrevolte von 1968 mitmachte, kehrte er immer wieder ins heimatliche Worpswede zurück. Dort lebte Schenk mit der Malerin Natascha Ungeheuer in einem Zirkuswagen und träumte sich aus der dörflichen Enge in die weite Welt hinaus: *Zwiebeln und Präsidenten, Der Schiffskopf, Überseekoffer, Abfahrt des Postdampfers* lauten die Titel seiner anfangs bei Wagenbach, später in anderen Verlagen publizierten Bücher, die Wallstein neu aufgelegt hat.

Gert Loschütz war Mitte zwanzig, als er das zitierte Gedicht schrieb, und es ist von der Agenda um 1968 geprägt. Nicht nur, weil von Demonstrationen die Rede ist und vom Ho-Chi-Minh-Pfad, auf dem die Vietcong genannte Befreiungsfront Waffen nach Südvietnam schmuggelte. Auch das Basteln eines Stuhls war Ausdruck des Zeitgeists: Um sich zu distanzieren von der bürgerlichen Wohnkultur, besorgte man sich Möbel beim Trödler und vom Sperrmüll oder baute sie kurzerhand selbst: *Radical Chic* hat der Zeitgeist-Analyst Tom Wolfe das genannt.

Der von Johannes Schenk hergestellte Stuhl hat wirklich existiert, und ich sehe ihn noch vor mir: Klobig und breit wie das Ehebett, das Odysseus zimmerte, bevor er die Freier niederschoss, die Penelope den Hof machten. »Die Helden der Ilias«, sagte ich zu Johannes Schenk, als er mir seinen Stuhl vorführte, »fertigten ihre Waffen und Gerätschaften selbst an. Hegel schreibt darüber!«

Aber Schenk missdeutete meine Bemerkung als Kauf-
interesse. Er wolle mir den Stuhl verkaufen oder, wenn
ich kein Geld hätte, schenken, sagte er, und es fiel mir
schwer, das großzügige Angebot auszuschlagen, weil
ich zu Recht vermutete, dass der selbstgebaute Stuhl
für alles Mögliche, nur nicht zum Sitzen geeignet
war.

Anfang der siebziger Jahre kamen wir bei Johannes
Schenk in der Naunynstraße zusammen, um über
marxistische Ästhetik zu diskutieren. Wir – das war
die Gruppe ARSCH (Assoziation revolutionärer
Schriftsteller), zu der in meiner Erinnerung auch Gert
Loschütz gehörte. Yaak Karsunke trug sein Gedicht
Hallo Mieter! vor, Schenk berichtete vom Kreuzberger
Straßentheater, das er mit Natascha Ungeheuer ins
Leben gerufen hatte, Hartmut Lange referierte über
Hegel und F. C. Delius informierte über die Kollek-
tivierung des Wagenbach Verlags, die wie der Aufstand
der Suhrkamp-Lektoren mit Rausschmiss endete. Die
Gruppe ARSCH zerfiel schneller, als sie entstand: Ob-
wohl niemand für Agitprop plädierte oder für sozia-
listischen Realismus, erzielten wir keinen Konsens.
Nicht Kafka oder Brecht – Flaubert oder Zola, das war
die Frage, über die sich die Gemüter erhitzten: Gläser
flogen durch die Luft, und ich warf Karsunke einen
Aschenbecher an den Kopf.

Jahre später sah ich den selbstgebauten Stuhl wieder
in Johannes Schenks Sonntagscafé, das er im Schatten der Mauer in einem Kreuzberger Hinterhof betrieb.
Der Stuhl stand neben dem Kachelofen – vielleicht

war es auch ein Kanonenofen. Hans Joachim Schädlich nahm auf ihm Platz und las aus *Ostwestberlin*, einer kongenialen Fortschreibung von Alfred Döblins *Berlin Alexanderplatz*.

Porträt des Autors als junger Dachs

Frühe Briefe von und an Nicolas Born

1

Der hier dokumentierte Briefwechsel mit meinem 1979 verstorbenen Freund Nicolas Born ist ein Fragment: Viele Briefe und Postkarten, mit denen wir einander auf dem Laufenden hielten, sind undatiert. Oft erlaubt nur der Poststempel die zeitliche Zuordnung; bei anderen fehlt der Antwortbrief oder der Text, auf den das Geschriebene sich bezieht. Anders als Borns komplett erhaltene Korrespondenz mit Peter Handke und Günter Kunert gingen Briefe und Postkarten bei Umzügen verloren oder fielen der Laxheit im Umgang mit geistigem Eigentum zum Opfer, wie sie um 1968 Usus war. Hinzu kommt, dass Born und ich jahrelang Tür an Tür wohnten, zuerst in Berlin-Friedenau, später im Wendland, und lieber bei Kaffee, Wein oder Bier miteinander redeten, statt Briefe zu schreiben – E-Mails gab es noch nicht. Dass meine Zuschriften an Born und dessen Briefe an mich getrennt figurieren, liegt auch daran, dass es sich, bei Licht betrachtet, um Selbstgespräche handelt, Rechenschaft ablegend über unser Leben und unsere Arbeit, Alltagssorgen und literarische Pläne; ernstgemeinte und ernstzunehmende

Gedanken stehen unverbunden neben Blödeleien, wie sie ein Vorrecht der Jugend sind.

Kennengelernt hatten wir uns im Literarischen Colloquium Berlin in der Carmerstraße, wo Walter Höllerer angehende Autoren einlud, im Winter 1963/64 an einem Workshop zum Thema *Prosaschreiben* teilzunehmen: Unsere Lehrer hießen Hans Werner Richter, Peter Weiss, Peter Rühmkorf, Uwe Johnson und Günter Grass, und außer Born und mir waren Peter Bichsel, Hubert Fichte, Hermann Piwitt sowie zehn weitere Debütanten mit von der Partie. Born unterschied sich von den Übrigen durch seine proletarische Herkunft und den Ruhrgebietsakzent – erst später erfuhr ich, dass er nicht aus Essen, sondern vom Niederrhein stammte. Er hatte eine Lehre als Chemigraph absolviert, kein Abitur gemacht und nicht studiert, und das war keine Schwäche, sondern seine Stärke, weil er singen und boxen konnte und die soziale Realität der Adenauer-Republik von unten auf kannte, was seinem Schreiben zugutekam. Trotzdem war Born kein schreibender Arbeiter, wie Max von der Grün sie in der Gruppe 61 um sich scharte, sondern ein literarischer Selfmademan, der viel gelesen hatte, den Anfang des *Ulysses* von Joyce auswendig konnte und frühe Gedichte an Ernst Meister sowie Prosa an Dieter Wellershoff und Günter Grass geschickt hatte, die ihn zum Weiterschreiben ermutigten – letzterer half ihm mit einem Darlehen, sich als Autor auf eigene Beine zu stellen.

»Sein Negersein wurde als besonders reizvoll empfunden, wenn man ihn bei Nacht sah, wenn man vielleicht durch einen herbeigeführten Zufall gemeinsam mit ihm nach Haus ging, auf ihn einsprach, bis er lachte – dann sah man ihn dunkel im Dunkel oder man sah ihn fast gar nicht, nur die weißen Zähne sah man, weil er lachte.« Mit solchen Sätzen, die er als Talentprobe und Visitenkarte hinterließ, hat Nicolas Born sich im Literarischen Colloquium eingeführt, und das war der angehende Autor, dem ich am 12. Juni 1964 von Berlin nach Essen schrieb:

»Nun muss ich Dir endlich einmal auf Deinen letzten Brief hin nicht im Postkartenformat antworten, sondern richtig, mit Maschine. Das Dumme ist nur, dass das ä nicht funktioniert, ich muss ein a mit einem " versehen, und das stört meine literarische Arbeit; Du wirst lachen, so etwas ist in der Tat von Wichtigkeit. Es ist schön zu hören, dass Du wenigstens über die Thingfeier des Hauses Kiepenheuer Kontakt zur Literatur hältst, und sei es auch nur mit Böll, der ja ein redlicher Mann ist und Katholik wie Du. Was habt Ihr dort denn unternommen, in der vulkanigen (sic) Eifel? Das Leben in Berlin würdest Du verändert antreffen, man sieht sich kaum mehr und jeder geht seinen Dingen nach, nur am Wochenende sind meist Partys im neuen Colloquium, wo man sich findet. Rühmkorf und Dein Freund Kopiun[1] (oder so ähnlich) ist auch da, ein sehr netter Mensch, der uns alle wehmütig macht durch seine körperliche Ähnlichkeit zu Dir … Das neue Colloquium ist ein furchtbar träger, pantoffelhafter Haufen, die Jungs dort möchte man nicht für geistige Menschen halten, aber auch für nichts anderes

Bestimmbares. Sie lassen sich ehrgeizlos von den englischen Autorenkollegen, die zweihundert Mark mehr beziehen, (wofür haben wir eigentlich zwei Kriege geführt?) übertreffen. Mein Zimmer ist sehr heiß und täglich 11 Uhr geht Neugröschel[2] unter dem Fenster vorbei, mal in Hellblau, mal Schneeweiß, mal Müller-Rosé, heute Morgen mit einem kleinen Degen. Das Letzte stimmt nicht ... Grüß Frau und Kind ausdrücklich – ich komme spätestens im August bei Euch vorbei. Viele Grüße – *Buch*«

Wir sprachen uns mit Nachnamen an wie die Primaner in der *Feuerzangenbowle*, und der verspielte Ton meines Briefs war einerseits Schülerulk, andererseits von Robert Walser beeinflusst. Born hieß damals noch Klaus – erst später nannte er sich Nicolas und wurde so zur literarischen Person. Er war sieben Jahre älter als ich, und Hermann Peter Piwitt, mit dem zusammen wir eine Art Troika bildeten, war 1935 geboren: eine Generationskohorte der besonderen Art, zusammengehalten durch Bier, Bratkartoffeln und Wildwestfilme, die wir gemeinsam anschauten, manchmal zwei Filme hintereinander. Nach dem Mord an Kennedy marschierten wir mit Hubert Fichte zum Schöneberger Rathaus, wo Willy Brandt vom Balkon herab eine lallende Rede hielt – meine erste Demonstration, der weitere folgen sollten; der viel ältere H. C. Artmann stieß erst später zu unserem Dreierbund.

Obwohl er in Malmö lebte, wo ich ihn von Kopenhagen aus besuchte – mein Vater war Botschafter in Dänemark –, schlug Artmann die Einladung zur in Schweden tagenden Gruppe 47 aus. Born, Piwitt und ich aber fuhren nach Sigtuna und lasen selbstverfasste Texte vor. Es war mein zweiter Auftritt bei den 47ern – im Jahr zuvor hatte ich dort einen Achtungserfolg erzielt –, doch diesmal fiel die Troika Born-Buch-Piwitt in der Gruppenkritik durch. Ernüchtert nach anfänglicher Euphorie, schrieb ich folgenden Brief an den nach Essen zurückgekehrten Freund:

Berlin, 18.10.1964

Lieber Born,
Du hast die 47er Lädierungen wenigstens zur Kenntnis genommen, meine Selbstzufriedenheit aber scheint so grenzenlos zu sein, dass ich sie nicht einmal spüre. Doch ich bin nicht stolz darauf. Piwitt habe ich heute gesehen; im großen Ganzen hat er's verwunden. Was sollte er auch anders?
Weißt Du, dass Konrad Bayer sich in Wien umgebracht hat – aus unerfindlichen Gründen – es ist Tatsache. Danach habe ich ein paar vergebliche Schreibversuche unternommen. Es hat mir genützt, weil ich viel nachgedacht habe und mit neuen Plänen in Berlin angekommen bin: Ich will einen Roman schreiben. Das andere Schreiben war doch nicht entwicklungsfähig. Vielleicht komme ich endlich von meiner ›Masche‹ los. Vor allem aber sollte man sich vom literarischen Betrieb fernhalten, solange man überhaupt noch nichts gemacht hat – das macht einen sonst kaputt. Und über den Roman sollte ich nicht reden, ehe er geschrieben

ist. Du siehst, wie tief meine Grundsätze gehen, dass ich sie, kaum aufgestellt, schon umstoße.

Das wäre alles. Mach's gut – *Buch*

PS

In Kopenhagen hatte ich eine Blutvergiftung und bekam eine Woche lang Penicillin. Was so alles zusammenkommt: Blutvergiftung, Blinddarm, Konrad Bayer, Chruschtschow, Labour Party, Atombombe, Krach mit den Eltern, Reinfall auf der Gruppe 47 – das hat sicher mit den Sternen zu tun.

Nicolas Borns Antwortbriefe aus dieser Zeit sind unauffindbar – vermutlich habe ich sie verlegt oder verloren. An dem heute legendären Treffen der Gruppe 47 in Princeton 1966 nahm Born nicht teil. Nach der Landung in New York schickte ich ihm eine Ansichtskarte mit dem Bild der Freiheitsstatue: »Lieber Born, es ist schrecklich und schön zugleich, Klimaanlagen, entsetzlicher Komfort, unverständliche Leute und dazu die nervösen 47er – ich bin meistens betrunken wie jetzt – *Buch*.«

Piwitt schrieb an den Rand: »Born, hier gibt es Hasen, Drosseln, so groß wie Raben, und wilden Schnittlauch auf grünen Matten. Das ist aber auch das einzige, was an die Heimat erinnert.«

Die Tagung in Princeton, wo Peter Handke der Gruppe 47 die Leviten las – ich teilte mir ein Zimmer mit ihm im Holiday Inn – war mein erster Amerikabesuch.

Bald danach, im Herbst 1966, erschien im Suhrkamp Verlag mein Erzählband *Unerhörte Begebenheiten*, und Mitte September schrieb ich aus Kopenhagen an Born: »Letzthin hatte ich eine Lesung in Frankfurt mit Martin Walser, der auch etwas von meinem Erfolg abbekommen wollte. Durch meinen Charme gelang es mir, 4 (in Worten: vier!) Bücher zu verkaufen. Wie geht's in Berlin? Ich komme gerade aus der Sauna, frisch und duftend wie eine Rose. Wirst Du mein Buch besprechen? S. 109 ist ein Druckfehler: Statt ›Zukunft‹ lies ›Zunft‹.«

Und im Frühjahr 1967 schickte ich Born einen Kartengruß aus Moskau, wo ich meine Russischkenntnisse erprobte und Lew Kopelew traf – die UdSSR war damals noch eine *terra incognita*, schwer zu erreichen und abgeschirmt vom Rest der Welt: »Moskau, 10.4.1967. Lieber Born, so sieht's hier aus – Pop-Art wie in Amerika.[3] Schade, dass Du nicht dabei bist. Mir gefällt es ganz ausgezeichnet – leider bin ich krank.«

Von Herbst 1967 bis Mai 1968 war ich Stipendiat am Writers' Workshop der University of Iowa und schlug Born als Nachfolger für das International Writing Program vor, das Paul Engle und seine Frau Hualing Nieh damals aus der Taufe hoben.[4] Nach meiner Ankunft schickte ich eine Postkarte in die Fredericiastraße nach Berlin-Charlottenburg, wo er in einer Souterrainwohnung hauste: »Lieber Born, hier kannst Du Romane schreiben! Das Land ist wunderbar, Steaks und Maiskolben doppelt so groß wie anderswo, außer Chinesinnen und Bier gibt's keine Ablenkung. Ich fahre ein riesiges Auto und bewohne ein Vier-Zimmer-Apartment. Du hörst noch von mir.«

Der nächste Brief vom 6.10.1967 klingt weniger enthusiastisch:

Hans C. Buch, 522 E. Bloomington, Iowa City, Iowa 52240, USA

Lieber Born,

ich habe ein Gedicht geschrieben: »Gib das Rauchen auf, Mao! / Geh aufs Land, / Bau Dämme, züchte Vieh, / Schreib Gedichte, schwimm ein bisschen. / Du brauchst die Bombe nicht, Mao. / Marx war ein Westler: / Schieß nicht auf mich! / Komm, wir trinken ein Bier!«

Wie gefällt's Dir? Vielleicht kannst Du's als Loseblattlyrik verkaufen.[5] Eine alles vergiftende Melancholie kettet mich an die minimalen Ablenkungen, die Iowa City, dieser misslungene Entwurf einer amerikanischen Universitätsstadt, zu bieten hat: Sex und Bier. Trotzdem gibt es anspornende Beispiele, u. a. einen philippinischen Writer, der 24 Stunden lang ohne Unterbrechung geschrieben hat und zuletzt ohnmächtig neben seinem Schreibtisch lag. Ein sehr begabter Junge – die Geschichte ist wahr! Paul Engle heißt der Mann, der mich eingeladen hat. Er sieht aus wie Walter Jens und hat die Funktion von Höllerer, viel beschäftigt, aber sehr nett. Gleich am ersten Tag sind wir mit dem Boot auf dem Iowa River und Stausee spazieren gefahren, haben Steaks mit Mais am Holzkohlefeuer gegrillt und chinesische Lieder gesungen, während ringsum die Fische sprangen und der Mond emporschoss. Die Landschaft hier erinnert an Sibirien, aber es wachsen Melonen. Die Gegend ist wellig-flach, in verschiedenen Grüns, mit Buschwäldern. Früher lebten hier die Sioux ... Mit den Schriftstellern aus Asien und Afrika ist kein Dialog möglich. Die Chinesen – außer Wong May[6] – sind reaktionär, weil aus Formosa, die Amerikaner hassenswerte Liberale, die gegen den Krieg sind, aber nicht richtig. Ich habe endlose Diskussionen gehabt mit bärtigen Trotteln, die nicht über das glimmende Ende ihrer Marihuana-Zigarette hinwegsehen, und begegne unerhörter Aggressivität, was praktisch-kritische Bewusstseinsbildung angeht ...

Ich habe vergessen, Iowa City zu beschreiben. Das Städtchen besteht aus mehreren Straßenkreuzungen mit Kinos, Restaurants usw., ringsum Grünflächen mit weißen Häuschen im Kolonialstil. Da wohne ich ... Auch ein Auto habe ich angeschafft, dessen rechte Tür nicht aufgeht (Dodge 1956). Sonntags fahren wir zum Angeln. Es ist schön hier – Dein *Buch*

Rückblickend fällt mir der Name Vance Bourjaily[7] ein, ein in Iowa lehrender Romancier, für dessen Seminar ich einen Essay zum Thema Entfremdung beisteuerte – theorielastig wie alles, was ich damals schrieb.

Iowa City, 14.12.1967

Lieber Born,

frag mich nicht, was ich hier mache. Die Herrschenden mit ihren ständigen Provokationen halten mich von der Arbeit ab. Es ist zum Kotzen. Ich bin aktiv, viel zu aktiv im hiesigen SDS[8], sinnlose Aktivitäten zumeist ... Ich schreibe Artikel und feuere die Studenten zu Taten an, bei denen ich mich im Hintergrund halte. Letzte Woche hatten wir wieder eine Demonstration – 18 wurden verhaftet, ein Schädelbruch durch Polizeiknüppel, Tränengas – sehr unangenehm –, ich hab auch was abgekriegt. Wir hatten versucht, Dow Chemical, den Napalm-Hersteller, vom Campus zu jagen, wo er Absolventen an- oder abwerben wollte. Zwar wurde Dow nicht verjagt, aber es gab eine Konfrontation mit der Polizei, in deren Verlauf tausend Studenten eine Hundertschaft Polizisten zur Weißglut trieben: umso schlimmer für diejenigen, die sie schnappten. Sie wurden zu Höchststrafen verurteilt – 500 Dollar oder einen Monat Gefängnis nach Wahl, danach Rausschmiss von der Universität, Einziehung zur Armee und Entsendung nach Vietnam. Einige dieser Studenten kenne ich gut. Ich sage Dir, Born, es ist viel ernster hier als in Deutschland. Was soll man machen? Man muss was machen. Manchmal denke ich – das klingt frivol – das größte Verbrechen des Systems sind die Meisterwerke, die es verhindert oder ungeschrieben sein lässt, z. B. meinen Roman ... In H. W. Richters Almanach der Gruppe 47 fand ich folgenden Satz:

›Auch dieses junge Deutschland, geboren aus einem politischen Impuls mit revolutionären Zielen, wurde in das Gebiet der Literatur abgedrängt oder begab sich aus Ohnmacht oder frühzeitiger Resignation dorthin.‹ Hier hast Du das Dilemma der Nachkriegsgeneration, zu der auch wir gehören ... Was machst Du, Born, ich höre, Du seist verreist. Komm bald wieder. Schreibst Du was? Was schreibst Du? Schreib mir mal – *Buch*

Der Winter 1967/68 gehörte zu den hektischsten Phasen meines damals noch jungen Lebens mit privaten und politischen Verstrickungen, deren Knäuel ich schreibend zu entwirren versuchte. Und als sei das nicht genug, begleitete ich meinen Vater an Ostern 1968, während Rudi Dutschke niedergeschossen wurde und das Springerhaus brannte, ins Land seiner Vorfahren, nach Haiti, um Erbschaftsangelegenheiten zu klären. Von meinem Besuch im Armenhaus Amerikas unter der Voodoo-Diktatur von Papa Doc Duvalier berichten zwei im Telegrammstil gehaltene Postkarten an den fernen Freund. Beide sind undatiert:
»Lieber Born, Du beklagst Dich, dass ich nicht mehr schreibe. Während die Schwarzen die Ghettos abfackeln, sitze ich in einem Restaurant der Millionärsstadt Miami und esse Austern. Es ist grauenhaft – komm nicht her. Morgen fahre ich nach Haiti, ins Land meiner Väter.« Und weiter: »Lieber Born, ich bin im Land meiner Väter, in Haiti. Seit drei Tagen wird hier ununterbrochen getanzt, und nachts höre ich die Trommeln. Faschismus ist eine respektable Regie-

rungsform gegen die hiesige. Es ist schön und grauenhaft. Viele Grüße – *Buch*.«

Haiti ließ mich nicht mehr los: Von nun an reiste ich so oft wie möglich dorthin und berichtete für deutsche Medien über das mühsam gebändigte Chaos des Inselstaats, der 1804, lange vor den spanischen Kolonien Südamerikas, seine Freiheit und Unabhängigkeit errang, nachdem aufständische Sklaven eine von Napoleon entsandte Armee vernichtend geschlagen hatten. Haiti wurde zu meiner zweiten Heimat, Himmel und Hölle zugleich, wo Voodoo und Surrealismus sich auf Exotik und Erotik reimten. Damit hatte ich ein zentrales Thema gefunden, das es mir erlaubte, persönliche, politische und literarische Obsessionen zu einem Roman zu bündeln, der 1984 bei Suhrkamp erschien: *Die Hochzeit von Port-au-Prince*. Aber ehe es so weit war, fuhr ich in meinem ramponierten Auto von Iowa westwärts und schickte im Juni 1968 eine Ansichtskarte von Arizona nach Berlin-Charlottenburg: »Lieber Born, wir sind durch die sengende Glut der Wüste und den Schnee der Rockies gefahren, haben wilden Indianern, Bären und Wölfen getrotzt, haben die Naturwunder des Grand Canyon gesehen und seit Tagen das erste Mal heiß geduscht.«

Das *uneigentliche Sprechen* gehörte zum guten Ton zwischen Born, Piwitt und mir – Ironie ist ein anderes Wort dafür, und die Parodie tritt noch deutlicher hervor im Text einer Postkarte, die ich im Juli 1978, also zehn Jahre später, aus Kuba an Born schrieb:

»Lieber Nicolas, ich wohne mit 16.000 Jungkommunisten in einem Erziehungsheim, schlafe auf steinharten Pritschen, werde Tag und Nacht ideologisch geschult und warte auf den Tag, da wir nach Angola geschickt werden – freiwillig natürlich! Es ist 30 Grad im Schatten und die Geier ziehen ihre Kreise. ¡Venceremos!«

Hier schließt sich der Kreis: Inzwischen hatte Born sich von den Torheiten und Tollheiten seiner Jugend verabschiedet und war unter Peter Handkes Ägide aufgebrochen zu neuen Ufern, auf die der Titel seines Romans *Die erdabgewandte Seite der Geschichte* verweist.

2

Ich überspringe einen Besuch in Nürtingen, wo Born mit seiner Frau Irmgard, einer Ärztin, vorübergehend sesshaft geworden war, und gehe gleich *in medias res*, nach New York: Von dort aus schrieb er mir am 28. September 1969 folgende Postkarte: »Liebe Buchs, es ist hier alles tatsächlich sehr groß und erstaunlich. Der arme amerika-unkundige Born steht am Empire State Building und sagt zu jedem Passanten Guten Tag. Wo ist die unselige Rothaut, die Manhattan für 24 $ verkaufte? Ich suche nach Spuren von Frank O'Hara. Euer *Born*.«

Der 1966 verstorbene Frank O'Hara gehörte mit Ted Berrigan und Kenneth Koch[9] zu den Vorbildern, denen Nicolas Born wichtige Impulse für sein Schreiben verdankte: Kennengelernt hatte er diese und andere Dichter durch Rolf Dieter Brinkmann, der die in Deutschland noch kaum bekannten Autoren übersetzt und in Anthologien vorgestellt hatte. Dass Born auch Walt Whitman und William Carlos Williams, Neruda und Borges schätzte, steht auf einem anderen Blatt, ebenso wie seine panische Angst vorm Fliegen, die er mit Beruhigungspillen bekämpfte. Am 12. Oktober 1969 sandte er mir ein Lebenszeichen aus Iowa, wo er meine Nachfolge am Writers' Workshop antrat:

»Lieber Buch, es geht uns ganz gut. Für 135 Dollar haben wir ein Doppelappart (sic). Es ist steril, aber wir haben es schon ein bisschen schön versaut. Die Südamerikaner bilden eine erdrückende Mehrheit. Eigentlich habe ich immer Englisch gekonnt, wusste es nur nicht. New York hielt vieles Schöne für uns bereit. (...) Das kommt mir hier rundherum wahnsinnig unwirklich vor, eine Wüste, bunt aufgedonnert wie eine Kirmes. Anselm Hollo[10] hat Dich sehr gemocht, obwohl Du ihn immer geärgert hast mit Deiner marxistisch/ leninistischen Linie, sagt er ... Ich habe einen Bericht über New York geschrieben für den Rias. Darin kommst Du auch vor als ehemaliger Bewohner des *Martinique*. Das Ganze ist aber eher ein Nachruf auf Frank O'Hara geworden. Der Lyriker Ted Berrigan hat uns das Village gezeigt, auch das Haus von O'Hara. Und die Taxis sind wirklich so bienengelb wie in seinen Gedichten.«

In Amerika entwickelte Born eine neue Poetik, die er mit dem Stichwort Utopie umriss und in seinem Gedichtband *Das Auge des Entdeckers* exemplifiziert: nicht im Sinne bloßer Science-Fiction, sondern durch das Verfremden der automatisierten Wahrnehmung, indem er Floskeln wie *gut* und *schön* weglässt und dadurch Irritationen erzeugt wie im folgenden Text:

Iowa City, 22.12.1969

Liebe Buchs,
vor allem wünschen wir Euch ein Weihnachtsfest und ein neues Jahr ... Dieses Zeitvergehen erschreckt einen doch sehr, auch wenn man in Amerika ist, wo alte Leute versteckt gehalten werden. Nur sehr selten entdeckt man einen geduckten alten Menschen hinter dem Steuer eines Altwagens. Also vielen Dank für *Das Kapital*, das wir sicherlich lesen werden. (...) Wir werden hier mit Weihnachtsmusik eingeschläfert. Und Paul Engle arrangiert Partys. Gestern trafen wir ihn im Liquor Store, wir wollten gerade bezahlen, da entdeckten wir, dass wir unser Geld vergessen hatten. Paul Engle sprang sofort in die Bresche. Er hatte vor ein paar Tagen eine Lesung, nahm auch Stellung zu Vietnam, mit allgemein humanitären Erwägungen, was die Menschen sich so alles antun, sie hätten irgendwie ihren *mind zu changen*, sonst sähe es böse aus für die Welt. Mein Bewusstsein reagiert schon sehr entschieden auf den kapitalistischen Moloch; meine Vorkenntnisse kann ich mir nicht länger verheimlichen, aber ich fürchte, dass mein Schreiben dadurch nicht progressiver wird. Hollo sagte, dass unsere Generation wahr-

scheinlich die letzte ist, die noch alles essen, Ferien machen und vielleicht noch natürlich sterben kann. Die Formosa-Chinesen hier sind nett, aber doch eben nur Spielzeugchinesen. Wir fragen uns immer, ob sie wissen, warum sie hier geliebt werden. Aber geliebt werden möchte jeder, ich auch. Marx wird von Ullstein gebracht. Diese ungeheure Liberalisierung im Kapit. (sic) hat Karl noch nicht voraussehen können, erst recht nicht, da sie sich parallel zur Unterdrückungsmaschinerie entwickelt. Aber so kann ich in diesem Briefchen nicht weitermachen ...

Die Meetings im Intern. Workshop sind grauenhaft. Es wird viel über Kafka und Joyce gesprochen, viel bloß eitler Unsinn. Wenn der Film *Easy Rider* nach Berlin kommt, müsst Ihr ihn Euch unbedingt ansehen. Die Black Panthers werden hier überall ausgerottet. Ihr habt davon sicher erfahren. Was meint Ihr, sollten wir nach Berlin zurückgehen nächstes Jahr? Ich habe die ganze Bundesrepublik im Auge, aber an keinem Ort möchte ich wirklich gern sein. Diese Frage ist so wichtig, dass Ihr sie uns bitte beantworten solltet. Aber vielleicht ist sie doch nicht so wichtig. Für heute herzliche Grüße von Euren *Borns*

14.1.1970, 838 Mayflower, Iowa City/Iowa 52240

Lieber Buch,
ich stecke schon mitten im *Kapital*, verstehe es auch. Denke viel nach über die vereinfachende Frage, ob es wirklich noch darauf ankommt, wer uns regiert, nicht

vielmehr darauf, wie wir die Regierenden unter Kontrolle halten und dass sie uns nicht unter Kontrolle halten können. (Aus *Spiegelgespräch* mit Horkheimer). Wenn Du am 20. Januar, 20.15 Uhr Zeit hast, hör doch mal im 3. Programm *Wortwechsel* von Brinkmann und mir und schreib bitte, wie schlecht es war ... Hier ist nun kein Platz mehr für ein großes Lamento über Iowa City. Sicher wieder beim nächsten Mal. – Dein *Born*

Iowa City, 1.2.1970

Liebe Buchs,
wir hören gerade die letzte Platte von den Rolling Stones. Auf dem 8. Floor das laute Streiten der Autorenparteien, die sich gegenseitig vorwerfen, im 19. Jahrhundert, wenn nicht noch im 18. zu leben. Dem französischen Poeten wird täglich bescheinigt, dass die franz. Literatur seit Racine tot ist. Der Poet aus Chile wird von den anderen Südamerikanern geschnitten, weil Chile u. a. Neruda hervorgebracht hat, die anderen dagegen nicht. Der Argentinier pocht auf Borges, hat aber das Pech, nicht mit ihm befreundet zu sein, während der Kolumbianer mit ihm befreundet ist. Der Argentinier liebte eine scharfe Argentinierin heiß, bis sie sich dem Kolumbianer zuwandte. Da verfiel der Argentinier in grauenhafte Depressionen. Er begab sich in ärztliche Behandlung, um sich anschließend zu betrinken, bei Rot über eine Kreuzung zu fahren und im Gefängnis zu landen. Für 14 Std., bis Engle ihn herauskaufte für 500 Dollars. Seine Anfälle verschlimmerten

sich. Gestern ist er abgereist nach Buenos Aires. Inzwischen hat aber die Argentinierin auch schon im Gefängnis gesessen, weil sie versucht hatte, einen Mantel zu stehlen. Aber Engle bringt alles in Ordnung... Es scheint ihm schwerzufallen, einen Deutschen einzuladen, weil er das Geld selber aufbringen muss. Die Südamerikaner werden von Ford bezahlt und die Chinesen von Washington aus...

Den Starbuck[11] habe ich von Dir gegrüßt. Er wollte genau wissen, was Du machst und wie es Dir geht. Ich habe es ihm haarklein erzählt. Er geht bald hier weg und lässt Dich grüßen. Vor ihm wird in den Zeitungen gewarnt, weil seine Schecks ungedeckt sind. Zu viele Scheidungen. Ich habe ihn im Geschäft getroffen. Er kaufte ein Pfund Zwiebeln und ein halbes Pfund Gehacktes. Es ist erschütternd. Seid herzlich gegrüßt von Eurem *Born*.

Im Zentrum der von Born kolportierten *faits divers* aus dem Treiben der literarischen Bohème stand ein Paradiesvogel aus Buenos Aires, Luisa Valenzuela, die das Writing Program erotisch aufmischte, bevor sie sich als Favoritin von Susan Sontag in New York niederließ.

Iowa City, 5.3.1970

der Frühling kommt; wir haben hier wunderschöne Tage, die Sonne wärmt schon, während noch Eisschollen den Fluss hinuntertreiben. (Hatte ich schon geschrieben, dass wir uns endlich ein Auto gekauft

haben? Einen Oldsmobile Super 88 für 300 Dollars. Sehr gut erhalten, vollautomatisch, verbraucht ca. 30 Liter Benzin auf 100 km. Aber Geld spielt ja noch immer keine Rolle. Heute sind wir nach Amana gefahren und haben Schinken, Käse und Wein gekauft. In Amana leben die Amaniten wie die Maden im Speck.[12] Anschließend sind wir Buchs alter Empfehlung nachgegangen: auf den Friedhof. Das heißt, wir sind mit dem Auto zwischen den Gräbern herumgefahren, am schwarzen Engel vorbei bis zur Gruft der Familie Mandel.) Vor einer Woche tauchte hier ein langhaariger Poet aus New York auf, George Kimball. Er behauptete, meine Gedichte besser übersetzt zu haben als Eric Torgersen.[13] Damit wollte er sich bei uns nur einschleichen. Er lebt ohne Geld, allerdings aus Prinzip. Er trägt ein Glasauge, hat einen sehr geraden Gang und kriegt in jeder Kneipe Bier umsonst. Er blieb fünf Tage. Kennt Ihr noch den *Paper Place* und die Boutique *Things & Things*? Alles niedergebrannt. George Kimball wollte uns einen seiner Romane schenken, hatte aber kein Exemplar; da stieg er in die Ruine ein und kam mit 5 Exemplaren seines Buches wieder heraus, geräuchert, durchnässt aber lesbar. Er schrieb hier ein kurzes Gedicht: »If I were / you and you / were me I / would be so beautiful / and you'd be / all fucked up.«
Anschließend waren wir auch in der *Paper-Place*-Ruine (lebensgefährlich!) und holten uns Bücher, die wir noch nicht kannten. Kurz, ein Abenteuer nach dem anderen ... Das Herumreisen in der Weltgeschichte macht einen Menschen nur heimatlos, unbehaust.

Die Fremde ist wie ein Schwamm oder besser – wie ein schwerer Stein, der, wenn man ihn hochhebt, sein wahres Gesicht zeigt. Viele Grüße und Küsse, Euer *Born*

Iowa City, 17.4.1970

Vielen Dank fürs Kursbuch, über das ich mich sofort hergemacht habe.[14] Buch, Du brauchst Dich wegen Deines Essays nicht zu schämen, auch wenn er etwas hüpfend daherkommt. Du hast Besseres geschrieben und man erkennt, dass Du dringend Ruhe und Selbstbesinnung brauchst. Jene Ruhe und Selbstbesinnung, von der ich etwas zu viel hatte hier. Trotzdem, ich hab's mit Gewinn gelesen, es machte Spaß, von Dir mal wieder was Gedrucktes in den Fingern zu haben ... Schön, was Du über mein Buch[15] sagst, nur habe ich es leider noch nicht gesehen. Meine Exemplare werden beim Poststreik in New York verlorengegangen sein. Buch, ich merke sehr wohl, dass hinter Deinem vordergründigen Lob geradezu ein Abgrund der Kritik klafft ...
Wir fahren hier am 1. Mai los. Es wird eine ähnliche Fahrt werden, wie Ihr eine hattet, vorausgesetzt, dass das Auto fährt. Wenn Ihr könnt, schreibt noch mal kurz vor dem 1. Mai. Von uns werdet Ihr danach nur noch Karten erhalten. Ich bin verrückt darauf, Euch wiederzusehen, und mit Dir, Buch, die Wege der Jugend wiederzufinden. Sehr vertrauliche Grüße von Eurem *Born*

Dieser Brief war eine *self-fulfilling prophecy*. Mitte Mai erreichte mich eine Ansichtskarte aus Arizona mit folgendem Text: »Liebe Buchs, auf Euren Spuren fahren wir westwärts. Es ist sehr aufregend, im Augenblick in Las Vegas = keine Spielhölle, sondern die Hölle schlechthin. Für den Grand Canyon gebrauchten wir das Wort *meaningless*. Zu groß, man kann ihn nicht mal fotografieren. In Liebe *Nicolas*«

Einen Monat später erhielt ich eine Postkarte aus Mexiko, wo gerade die Fußball-WM stattfand: »Wir sind heute noch weiter nach Süden vorgedrungen, über den Popocatepetl (tirolisch) hinaus nach Oaxaca. Einmal haben wir Salat gegessen, das rächt sich; wir ertragen es in Demut. Alles spricht hier von Seeler und Müller, nicht von mir. Das Auto fährt immer noch ein Stück weiter. Die Indios wissen, dass Cortez ein Papiertiger war. Wir benehmen uns wie Touristen, machen Fotos und tragen luftige Blusen und Schnallenschuhe. Herzlichst – Euer *Born*«

Nicolas Born war hinter schneebedeckten Vulkanen verschwunden, für immer, wie mir schien. Aber auf Umwegen via Süddeutschland und Rom kehrte er irgendwann zurück nach Berlin, wo ich ihm eine Wohnung besorgte. Räumlich waren wir uns näher denn zuvor – wir wohnten im selben Haus –, doch die Freundschaft war nicht mehr so innig wie vor dem Amerikaaufenthalt, der auf unterschiedliche Weisen unser Leben und Schreiben prägte: Parallelbiographien im Sinn von Plutarch, bis jeder seine eigenen Wege ging. Ein Jahr vor seinem Tod schickte Born mir eine Postkarte aus Budapest, die wie ein Gruß aus dem Jenseits klingt, als habe er die tödliche Krankheit vorausgeahnt. Auf der Karte ist eine Suppenterrine abgebildet mit einem Rezept für Karpfen, neben das er schrieb: »Liebe Buchs, seit langem habe ich wieder, zum ersten Mal, das Gefühl, genug Zeit zu haben. Ob das am Soz. liegt? Gegenüber ist die Vietnam-Botschaft. Jeden Morgen fährt ein VW-Bus vor und es steigen an die siebzig kleine Beamte aus, mit Acrylpelzen auf den Mantelkragen. Ich glaube, der Mann auf der Straße hat nur einen Wunsch: in andere Sprachen übersetzt zu werden. Mein Tisch ist voll von Rohübersetzungen. Bis bald, Euer *Born*«

Anmerkungen

1) *Kopiun*, Martin Kurbjuhn, Hörspielautor und Romancier, der wie Born aus Essen kam, 1964 Stipendiat des Dramen-Workshops am LCB.
2) *Joachim Neugröschel*, Autor und Übersetzer, nahm am Prosaschreiben-Kurs des LCB teil.
3) Die Ansichtskarte zeigt das Hochhäusern am Central Park nachempfundene Hotel Ukraina.
4) *Paul Engle*, amerikanischer Lyriker, zusammen mit seiner Frau, der chinesischen Dichterin Hualing Nieh, Gründer und Leiter des International Writing Program der University of Iowa.
5) *Loseblattlyrik*, ein Versuch des Luchterhand Verlags, Gedichte unter die Leute zu bringen.
6) *Wong May*, chinesisch-amerikanische Lyrikerin aus Singapur, von Nicolas Born übersetzt.

7) *Vance Bourjaily*, amerikanischer Romancier, der in Iowa Kreatives Schreiben unterrichtete.

8) *Students for a Democratic Society*, nicht identisch mit dem deutschen SDS.

9) *Frank O'Hara, Ted Berrigan, Kenneth Koch*, amerikanische Dichter der Post-Beat-Generation, letzteren hat Nicolas Born übersetzt.

10) *Anselm Hollo*, anglo-finnischer Dichter und Übersetzer, lehrte Kreatives Schreiben in Iowa.

11) *George Starbuck*, neo-formalistischer Lyriker, Dozent am Writers' Workshop von Iowa.

12) *Amana*, deutschstämmige Pietistengemeinde, die es über New York nach Iowa verschlug.

13) *George Kimball*, amerikanischer Autor, der vom Hippie-Poeten zum Sportreporter wurde; *Eric Torgersen*, amerikanischer Lyriker, Übersetzer von Gedichten Rilkes und Nicolas Borns.

14) *Kursbuch 20*, 1970: Ästhetische Fragen, darin mein Essay über Funktionen der Literatur.

15) Nicolas Born: *Wo mir der Kopf steht*. Gedichte. Köln – Berlin 1970.

Frei ist man nur allein

Gedenkblatt für Reinhard Lettau

Als ich Reinhard Lettau bei der Tagung der Gruppe 47 in Saulgau im Herbst 1963 erstmals begegnete, sah er genauso aus wie in späteren Jahren. Er trug schon damals die praktische und bequeme Kleidung, die er als Student in Harvard getragen hatte und die er bis ans Ende seines Lebens bevorzugte: Baumwollhemden mit geknöpften Kragen, schwarze oder braune Slippers, Leinenhosen oder Jeans. Rückblickend kommt es mir so vor, als sei Reinhard Lettau in den dreiunddreißig Jahren unserer Bekanntschaft kaum gealtert: Mit abstehenden Ohren, blinzelnd hinter dicken Brillengläsern, sah er mit fünfundsechzig noch immer so aus, wie sein Freund Uwe Bremer ihn (und sich selbst) 1968 in Text und Bild porträtiert hat: »Warum hast du so große Ohren?« – »Damit du besser schielen kannst!«

Aber nicht nur in seiner äußeren Erscheinung, auch mit seinem Werk ist Reinhard Lettau, wie Athene aus dem Haupt des Zeus, fertig gewappnet in die deutsche Literatur eingetreten. Seine Erzählbände *Schwierigkeiten beim Häuserbauen* und *Auftritt Manigs*, mit denen er sich auf einen Schlag in die Elite der Gegenwartsliteratur hineinschrieb, wirken noch heute so frisch und frühvollendet wie in den sechziger Jahren: groteske Geschichten, erzählt in einer schlanken, präzisen Sprache, die, frei von rhetorischem Ballast, tänzerische Pirouetten dreht. Die Skurrilität der Einfälle und die Leichtfüßigkeit des zur Arabeske neigenden Stils sind Markenzeichen von Reinhard Lettaus Prosa und charakterisieren jede Seite, die er zu Papier gebracht hat: Von den Beiträgen des Fünfzehnjährigen in der Erfurter Schülerzeitung bis zu den letzten Texten, den zu Holzschnitten seiner Rixdorfer Künstlerfreunde geschriebenen Rübezahl-Gedichten, blieb Lettau wie kaum ein anderer deutschsprachiger Autor sich selbst treu.

Und doch kam Mitte der sechziger Jahre ein Element hinzu, das in den frühen Erzählungen nur schwach ausgeprägt war: die Politik, das radikale Engagement, dem Lettau sich schon vor 1968 verschrieb und dem er bis zu seinem Tod die Treue hielt, auch darin konsequenter als andere Autoren seiner Generation. Lettaus mittlere Schaffensperiode: von dem Prosaband *Feinde* bis zu seinem Theaterstück *Frühstücksgespräche in Miami*, ist durch dieses Engagement geprägt, das in seinem Buch *Täglicher Faschismus – amerikanische Evidenz aus sechs Monaten* die sichtbarsten Spuren hinterließ – schon der Titel enthält ein politisches Programm. Blickt man jedoch hinter die agitatorische Fassade und fragt, was Lettau unter Faschismus verstand, erscheinen Risse in der Rüstung, hinter der sich der Autor verschanzt. Zu Faschisten erklärte Lettau nicht nur prügelnde

Polizisten in Berkeley oder Westberlin, sondern auch die kalifornische Sonne, die in sein Arbeitszimmer schien, oder die Fliegen im Wendland, denen er mit einer Fliegenklappe zu Leibe rückte, die ich als Souvenir aufbewahre. Auch Wirte, die nach Mitternacht keine Steaks mehr servierten, und Gastgeberinnen, die keinen Käse zum Wein auftrugen, hat er als Faschisten oder BDM-Mädchen tituliert, nachzulesen in seinem Buch *Flucht vor Gästen*. Durch seine dickwandige Brille betrachtet, ist die politische Sphäre nicht weit entfernt von der skurrilen Welt seiner frühen Texte, wie Lettaus Kommentar zu den Fernsehberichten über die Berliner Viermächteverhandlungen zeigt:

»Was zeigt uns nun dieser Film? Er zeigt uns, dass vier zweibeinige Herren ohne Schwierigkeiten vier Autos verließen und auf ein Haus zugeschritten sind … Die Herren selber brauchte er nicht zu identifizieren, da wir sie seit anderthalb Wochen ähnlich rüstig auf Auto- oder Haustüren schon zuschreiten sahen, zum Beispiel am 10. August, am 11. August, am 12. August, und so weiter. Was leisten diese Filme? Fügen Sie den vom Sprecher schon verlesenen Informationen irgendwelche neuen hinzu? Die Frage muss man verneinen.«

Dass Reinhard Lettau seine persönlichen Vorlieben und Abneigungen auf die Politik projizierte, heißt nicht, dass er den Widerspruch zwischen Literatur und Engagement, Ästhetik und Revolution, der die progressive Kunst der sechziger Jahre umtrieb, nicht gespürt hätte, im Gegenteil; in seinem Essayband *Zerstreutes Hinausschaun* hat Lettau diesen Widerspruch scharfsinnig auf den Begriff gebracht:

»Es ist nicht grade radikal, sondern eher sogar opportunistisch, die Literatur aufzufassen als einen Briefträger der Revolution. Vielmehr müsste die Literatur radikal genug sein, ohne Plan und Spekulation, mit ihren ganz eigenen Mitteln, der Revolution jene Fragen vorzulegen, die sie vielleicht nie lösen kann, deren Sticheleien sie hoffentlich unsicher machen, also stärken, d. h. die Literatur hat gegenüber der Revolution die Verpflichtung der Subversion, wobei die radikale revolutionäre Praxis des Schriftstellers die ebenso radikale, jeden Sklavendienst ablehnende ästhetische Praxis des Schriftstellers nicht ausschließt, sondern ergänzt.«

Dies ist nicht der einzige Widerspruch, der wie ein roter Faden – hier stimmt die abgegriffene Metapher – Lettaus Leben und Werk durchzieht und seine literarische Physiognomie prägt. Dazu gehört auch die gespaltene Existenz des Deutschamerikaners zwischen alter und neuer Welt, der die jeweils andere Kultur aus europäischer bzw. amerikanischer Sicht vernichtend kritisiert. In seinem Buch *Zur Frage der Himmelsrichtungen* hat Reinhard Lettau das zugrunde liegende Problem ironisch auf den Punkt gebracht mit der Feststellung, nur von seiner Geburtsstadt Erfurt aus gesehen rückten die Himmelsrichtungen an ihren richtigen Platz.

Auch der Widerspruch zwischen Lettaus Parteinahme für die Opfer der Gesellschaft und seiner ungehemmt zur Schau gestellten, elitären Arroganz gehört hierher. Reinhard Lettau war ein Radikaldemokrat, der sich mit Rauschgiftsüchtigen und Alkokolikern, Pennern und Obdachlosen solidarisierte, und zugleich ein Snob, der stolz seine Harvard-Krawatte trug und auf die Eliteschulen verwies, die er vor der Übersiedlung in die USA besucht hatte. Auch im Umgang mit Schriftstellern war er sich des eigenen Wertes bewusst und konnte verletzend scharf über erfolgreiche Kollegen urteilen, während er jungen Dichtern und Debütanten mit ungeheuchelter Sympathie entgegenkam. Ein weiterer Widerspruch liegt in der antimilitaristischen Tendenz von Büchern wie *Feinde* oder *Frühstücksgespräche in Miami*, die die amerikanische Kriegsführung in Vietnam kritisieren oder das Macho-Gehabe abgehalfterter Diktatoren aus Lateinamerika, und der Faszination für Uniformen, die Lettau gleichzeitig empfand. Bevorzugte Helden seiner Geschichten sind ordensgeschmückte Generäle und andere pompöse Würdenträger, die er nicht nur in seiner Prosa, sondern auch mit dem Zeichenstift liebevoll-boshaft karikierte. Reinhard Lettau war kein Pazifist, wie die von ihm herausgegebene Erfurter Schülerzeitung aus der Endphase des Zweiten Weltkriegs belegt. Seine frühe Prägung einer Jugend unter dem NS-Regime, dessen Zusammenbruch der Sechzehnjährige als Rekrut des Volkssturms erlebte, wurde er nie mehr los. Erst vor diesem Hintergrund offenbaren Lettaus literarische Optionen, ebenso wie seine politischen Obsessionen, ihren tieferen Sinn.

»Was wären wir ohne diese Schuld?« Diese von Hans-Jürgen Syberberg aufgeworfene, bedeutungsschwangere Frage hat Reinhard Lettau in einer Kritik von dessen Hitler-Film mit erfrischender Kürze beantwortet: »Ohne diese Schuld wären wir unschuldig.« Dabei war Lettau selbst keineswegs »unschuldig«. Ähnlich wie der im gleichen Jahr geborene Heiner Müller, mit dem ihn, allen Divergenzen zum Trotz – Müller war Maximalist, Lettau Minimalist – eine literarische Wahlverwandtschaft verband: Ähnlich wie Heiner Müller war Lettau kein naiver Moralist, sondern ein zu Zynismen neigender Misanthrop. Das wird besonders deutlich an seinem letzten Gedicht, einer Absage an die Welt, die klingt, als habe der Autor dieser Zeilen den eigenen Tod vorausgeahnt:

Warum ich viele 100 Jahre lang
im Berg geblieben bin?
Weils dort so still und friedlich ist,
es kommen keine Leute hin.
Es kann nicht anders sein:
frei ist man nur allein.

Gerd-Peter Eigner: Das Mammut

Angeblich vom Erdboden verschwunden
seit es die Menschheit gibt
taucht es in Rudeln auf
um weitläufig und sehr achtsam zu grasen

Der Mangel an Sehschärfe beim Menschen
der selbstverliebt in sein Inneres blickt
(nicht jedoch beim Hasen und auch nicht beim Igel
der immer schon da ist)

Führte zum vorzeitigen Abbruch
einer Beziehung die versprochen hatte
über ganze Erdzeitalter und weit mehr zu währen
warum

Ganz einfach
die herbe Schönheit und schiere Größe des einen
überforderte auf Dauer den anderen
der bald seine Heimat bei Kleineren fand

Jedoch wie gesagt
es ist weiter da das Tier
nur entzieht es sich aus Sanftmut und Diskretion
den schwachen menschlichen Blicken

Der Autor dieses Gedichts war kein feinsinniger Lyriker, sondern ein Serientäter, der alle paar Jahre einen dickleibigen Roman ausstieß und stets aufs Neue berechtigtes Aufsehen erregte. Sein letztes, von Rezensenten hochgelobtes Buch *Die italienische Begeisterung* wurde gleich dreifach prämiert: mit dem Kranichsteiner, dem Eichendorff- und dem Nicolas-Born-Preis. Eigners erster und letzter Gedichtband ist – für Lyrik ungewöhnlich – 366 Seiten stark, ein Schwergewicht wie das Mammut, das er im Titel führt und das den Lesern vom Buchumschlag in die Augen blickt: *Tiere sehen dich an*. So hieß ein in der Vorkriegszeit populärer Bildband mit Tierfotos, und so nannte der Joyce-Übersetzer und Essayist Hans Wollschläger sein vehementes Plädoyer für den Tierschutz, den Eigner als professioneller Fleischesser nur am Rande erwähnt.

Gerd-Peter Eigner war kein anämischer Poet, der sein spärliches Haar zu lyrischen Arabesken wand, sondern ein Elefant im Porzellanladen deutscher Gegenwartsliteratur, ein Urvieh, das mit raumgreifenden Bewegungen eine Menge Geschirr zerschlug. Eigner war selbst ein Mammut, und das hier zitierte Gedicht ist sein Selbstporträt: ein Leitfossil vom Ende der Eiszeit, einst in Herden durch die Tundra ziehend, bevor es der Erderwärmung und den Nachstellungen steinzeitlicher Jäger zum Opfer fiel, Neandertaler vielleicht, deren armdicke Speere der Moorboden konserviert hat. Das »achtsame Grasen«, von dem Eigner spricht, ist ein Fingerzeig auf die Gutmütigkeit der Dickhäuter, eine begehrte Jagdbeute nicht nur wegen ihres Fleisches, sondern auch wegen ihrer Stoßzähne und zottigen Felle, die den Frühmenschen Kleidung und Zelte lieferten. Hinter dem furchterregenden Äußeren des Urzeitriesen aber verbergen sich Hilflosigkeit und scheue Sensibilität, die kleinere Lebewesen, allen voran der Mensch, sich zunutze machten, um das Mammut aus seinem Lebensraum zu verdrängen.

All das trifft auch auf Gerd-Peter Eigner zu, dessen Werk als erratischer Block, an dem Freunde und Feinde, Kritiker und Exegeten sich vergeblich abarbeiten, in die Literaturlandschaft ragt. Hin und wieder rief er bei mir an und lud mich ein, in einer Kreuzberger Bar, die passenderweise Gulasch hieß, seinen Monologen zu lauschen, die wie seine Bücher nur von ihm selbst handelten, unterbrochen von kurzen Atempausen, in denen Eigner die Vorzüge der Bardame pries, einer Russin, die unaufgefordert Rotwein nachschenkte. Nach zwei Stunden lehnt er sich erschöpft zurück und fragt: »Wir haben nur über mich gesprochen. Nun zu dir – hast du meine Gedichte gelesen, und wie gefallen sie dir?«

Bevor ich ihm die erwünschte Antwort geben kann, kommt der ins Stocken geratene Redefluss wieder in Gang, und Eigner erklärt, dass er seine auf über 300 Seiten gesammelten Gedichte nicht in dreißig Jahren, sondern wie ein Quartalssäufer in zweieinhalb Monaten geschrieben habe. Beim Korrekturlesen ließ er fünfzig Gedichte weg – aus Selbstekel, wie er sagt – und schrieb im Schaffensrausch zwanzig neue dazu. Trotzdem ist Gerd-Peter Eigner kein Vielschreiber, sondern ein *poeta doctus*, der Reisenotizen aus Nordafrika und Italien, Lektüren und Liebschaften zu sprachlichen Gebilden verdichtet, die an Ernst Meister erinnern, den lyrischen Lehrmeister von Nicolas Born. Dass Eigners Gedichte nicht aus dem Vollen geschöpft, sondern erlebt und erlitten sind, steht auf einem anderen Blatt. Es ist die Einsamkeit des Hochleistungssportlers, der bei allem, was er tut, an die Grenze der Belastbarkeit geht – und noch darüber hinaus. Nicht nur seine Elegie über das Verschwinden der Mammuts, fast alle Texte des Buchs sind von Todesahnungen durchweht und von Hoffnungen konterkariert, denn Eigner ist ein Fighter, der nicht vorschnell zu Boden geht – Nehmerqualitäten heißt der Fachausdruck dafür. »Siehst du im Sand das weiß Beinerne, Stoßzähne im Farn« – diesen Vers aus Nicolas Borns *Elbholz*-Gedicht hätte ich gerne zitiert, aber Gerd-Peter Eigner lässt mich nicht zu Wort kommen und erzählt, das Fleisch im sibirischen Permafrost tiefgefrorener Mammuts sei zart und wohlschmeckend. Und er signalisiert der Bardame mit kreiselnder Handbewegung, dass die letzte Runde auf seine Rechnung geht.

PS
Als die *FAZ* diese Gedichtinterpretation druckte, lag Gerd-Peter Eigner im künstlichen Koma, aus dem er nicht mehr erwachte. Er starb kurz nach seiner Verlegung aus dem Urban-Krankenhaus am 13. April 2017.

VII. SCHLUSSWORT IN EIGENER SACHE

Ein Mann des Friedens, führt ich ewig Krieg
Mit Krügen Weins und einer Welt voll Toren;
Und unbesiegt, seht her, doch ohne Sieg
Ging ich im Niemandsland des Lieds verloren.

Immanuel Weißglas

Wer bin ich, woher komme ich, wohin gehe ich?

Meine multiple Identität

1

Der Identitätsdiskurs ist eine Falle. Der Satz: »Ich bin ich« oder »Wir sind wir« ist nicht so harmlos und unschuldig, wie er klingt – abgesehen davon, dass es sich um einen Pleonasmus handelt, der logisch nicht stichhaltig ist. Wenn ich zum Beispiel sage, dass ich ein deutscher Schriftsteller bin, der deutsche Bücher für deutschsprachige Leser schreibt, impliziert dies, dass ich kein Afrikaner oder Asiate, kein Russe oder Türke, kein Jude oder Muslim bin, sondern ein heterosexueller Mann im Sinne der christlich-europäischen Tradition und der deutschen Leitkultur – was immer das heißt. Demgegenüber hat Arthur Rimbaud sich zu seinem Anderssein bekannt mit dem zum geflügelten Wort gewordenen Satz »Ich ist ein anderer«, der die multiplen Identitäten benennt, in denen wir uns im Laufe unseres Lebens wiederfinden: als Mann oder Frau, Kind oder Greis, Konservativer oder Liberaler, Inländer oder Ausländer, Arbeiter oder Angestellter, Fußgänger, Radfahrer u. a. m.

Hierfür ein Beispiel. Seinen Entschluss zur Rückeroberung der Kolonie Saint-Domingue, wo aufständische Sklaven im Zuge der Französischen Revolution die Macht ergriffen und die weißen Kolonialherren vertrieben, begründete Napoleon so: »Je suis blanc et français, et ça suffit« – »Ich bin Weißer und Franzose, und das genügt.« Will sagen: Die von Napoleon angestrebte Wiedereinführung der Sklaverei, die mit einem Fiasko endete und in letzter Konsequenz zum Verkauf Louisianas an die Vereinigten Staaten führte – diese folgenreiche Fehlentscheidung wurde begründet mit einem klassischen Identitätsdiskurs. Dabei verschwieg Napoleon, dass er (so wie Stalin Georgier und Hitler Österreicher war) aus Korsika stammte und dass seine Frau Joséphine Land in den Kolonien besaß und damit seinen Entschluss zur Rückeroberung von Saint-Domingue beeinflusste. Umgekehrt beginnt die Verfassung Haitis, der zweitältesten Republik Amerikas, gegründet am 1. Januar 1804 von den Anführern des siegreichen Sklavenaufstands, mit dem Satz: »Auf dem Territorium der Republik ist die Sklaverei für immer abgeschafft. Alle Einwohner von Haiti sind gleich und frei: Sie sind alle Neger, auch die Deutschen und Polen ...«

Dieser rätselhafte Satz wird nur verständlich, wenn man weiß, dass in der von Napoleon entsandten Invasionsarmee deutsche und polnische Soldaten kämpften, die zu den Rebellen überliefen, als sie hörten, dass die Aufständischen die *Marseillaise* sangen: Neger, kreolisch *nèg*, ist in Haiti kein Schimpfwort, sondern gleichbedeutend mit Mensch. Die Farbe der Haut basiert auf einer kulturellen Zuschreibung, und nach haitianischem Recht bin ich ein Neger, weil meine Großmutter väterlicherseits eine Kreolin aus einer alteingesessenen Familie Haitis war, die nur zwei Worte Deutsch sprach: *Schwein* und *Kartoffeln* – Gerichte, die sie bei Kuraufenthalten auf der Bühlerhöhe kennen und schätzen lernte – zusammen mit Schwarzwälder Kirschtorte. Den mir zustehenden haitianischen Pass habe ich nach reiflicher Überlegung lieber nicht beantragt, weil man mich sonst umgebracht hätte, wie meine verstorbene Tante Jeanne zu sagen pflegte. Wer Familiengeheimnisse ausplaudert und sich noch dazu für Politik interessiert, lebt gefährlich in Haiti, und die Lebenserwartung allzu neugieriger Reporter ist begrenzt...

Damit sind wir in der Gegenwart angelangt, genauer gesagt bei der Frage nach dem wirtschaftlichen und politischen Niedergang Haitis, über dessen Ursachen man sich dort seit Jahrzehnten die Köpfe zerbricht. Das Wort Niedergang klingt zu schwach; die Rede ist von einer sich beschleunigenden Abwärtsspirale, deren vorläufiger Tiefpunkt das Erdbeben vom 12. Januar 2010 war, das keine schicksalhafte Naturkatastrophe, sondern ein von Menschen gemachtes Desaster gewesen ist, da der haitianische Seismologe Claude Prépetit seit Jahren vor einem Beben der Stärke 7,0 in der Hauptstadtregion gewarnt hatte. Weder wurden Bauauflagen befolgt noch Erdbebenübungen abgehalten, wie in Japan und Kalifornien gesetzlich vorgeschrieben – ganz zu schweigen vom Katastrophenschutz, der in Haiti nur auf dem Papier existiert. *Négligence crimi-*

nelle – »kriminelle Vernachlässigung« steht auf Mauern und Hauswänden in Port-au-Prince, neben Graffiti, in denen Jesus um Hilfe gebeten, »Gnade für Haiti« gefordert oder »Unsere Geduld ist am Ende« verkündet wird.

2

»Wie viel müssen wir Ihnen zahlen, damit Sie aufhören, über Haiti zu schreiben?«, sagte der Verlagschef von Suhrkamp, Siegfried Unseld, einmal zu mir. »Oder handelt es sich um Tahiti?« Der Literaturnobelpreisträger V. S. Naipaul drückte es noch kürzer und drastischer aus: »Stop writing about Haiti – it doesn't sell!« Die Frage ist berechtigt, warum ein deutscher Autor sich mit einem entlegenen Inselstaat in der Karibik identifiziert, der am unteren Ende jedweder Statistik rangiert und nur durch Katastrophenmeldungen Schlagzeilen macht: In Haiti ist die Arbeitslosigkeit so hoch wie die Analphabetenrate – geschätzte sechzig Prozent, und die Lebenserwartung so niedrig wie der Mindestlohn oder die tägliche Kalorienmenge; Malaria und Tuberkulose haben endemische Proportionen erreicht, zu schweigen von Cholera oder Aids. Ist es unter diesen Umständen nicht sinnvoller, dass man sich für den Mainstream der eigenen Gesellschaft interessiert und Romane über Ehekrisen, gleichgeschlechtliche Partnerschaften oder verlängerte Ladenschlusszeiten schreibt, statt über die Ursachen der Unterentwicklung und Mittel zu ihrer Überwindung zu grübeln? Aber auch der Umkehrschluss ist erlaubt, denn wo steht geschrieben, dass die künstlerische Phantasie keine Landes- und Sprachgrenzen überschreiten darf? Die Literatur hat das zu allen Zeiten getan: von Odysseus über Sindbad den Seefahrer bis zu Shakespeares *Sturm*, Defoes *Robinson* und Swifts *Gulliver*, von Voltaires *Candide* bis zu den *Traurigen Tropen* von Claude Lévi-Strauss. Streicht man diese und andere Titel aus dem Kanon der Klassiker, fürchte ich, dass unter dem Strich nichts übrig bleibt, denn Weltliteratur war und ist genau das, was der gängige Identitätsdiskurs negiert, eine Grenzüberschreitung nicht bloß im geographischen Sinn.

3

»Wenn er nicht auf Reisen ist, lebt er in Berlin.« So hat Hans Magnus Enzensberger, damals noch Herausgeber der *Anderen Bibliothek*, mein Leben und meine Arbeit charakterisiert – kurz und bündig, wie es seine Art ist. Seitdem geistert der Satz durch die Feuilletons und taucht, geringfügig variiert, in Klappentexten und Verlagsprospekten auf. Obwohl mir nicht wohl ist bei der Vorstellung, als Reiseschriftsteller abgehakt zu werden, hat die von Enzensberger gewählte Formulierung viel für sich: Sie verweist auf die Relativität angeblich fester Größen wie Wohnort oder Lebensmittelpunkt, wie es neuhochdeutsch heißt. Selbst die Sprache, die ein Autor benutzt, ist nicht unmittelbar gegeben, sondern Ergebnis einer bewussten Wahl: Es genügt, an dieser Stelle Joseph Conrad und Samuel Beckett zu nennen oder Joseph Brodsky, der seine Essays in Englisch, Gedichte aber auf Russisch schrieb. »Who translates your books into German?« Diese Frage wurde mir vor Jahren von amerikanischen Studenten gestellt, und ich war so perplex, dass ich mit der Antwort zögerte: »I write them directly in German.« – »Wow, that must be difficult«, war die Reaktion: Aus dieser Sicht wird das Gros der weltweit gedruckten Bücher zuerst in Englisch geschrieben und dann für Angehörige nationaler Minderheiten wie Japaner, Chinesen und Deutsche in deren Idiome übersetzt. Jahre später, in Austin, Texas, fragte mich eine Studentin, was ich in der Nazizeit gemacht hätte. Die Auskunft, dass ich 1944 geboren und bei Kriegsende ein Baby war, befriedigte sie nicht. Die Studentin kam in meine Sprechstunde, schloss die Tür hinter sich, was aus Gründen politischer Korrektheit verboten war, setzte sich auf den Schreibtisch, strich sich über ihre wohlgeformten Waden und sagte: »Jetzt kannst du mir offen sagen, was du in der Nazizeit angestellt hast.« Dabei schien sie an Filme und Fernsehspiele zu denken, in denen sadistische SS-Offiziere wehrlose Häftlinge quälen.

Bin ich ein Kosmopolit? Ich zögere, die Frage mit *ja* zu beantworten, weil ich mich nicht als Jude ausgeben will, der ich nicht bin. Mein Vater hatte Schwierigkeiten, einen Ariernachweis zu erbringen, weil er der Sohn eines Deutschen und einer Kreolin war: Nicht nur jüdische, auch farbige Vorfahren waren im Dritten Reich verpönt, und mein Vater fühlte sich vom NS-Staat bedroht. Er war kein Widerstandskämpfer, aber als stadtbekannten Nicht-Nazi ernannte die amerikanische Besatzungsmacht 1945 ihn zum Bürgermeister von Wetzlar, ehe er in den fünfziger Jahren in den diplomatischen Dienst eintrat. Seine Herkunft prädestinierte ihn dafür: In Haiti geboren, hatte er in Genf und London Völkerrecht studiert und bei einem jüdischen Doktorvater promoviert. Zu seinem Leidwesen war er in Bonn mit Ex-Nazis konfrontiert, die im Auswärtigen Amt Karriere machten. Mein Vater sprach fließend Französisch und Englisch; in diesem Punkt eiferte ich ihm nach, ohne zu ahnen, dass der Kosmopolitismus, für mich ein erstrebenswertes Ziel, anderswo als ein Übel galt: Nicht nur Hitler, auch Stalin war ein überzeugter Antisemit, für den Kosmopolit ein Schimpfwort und synonym mit Jude war, und nicht von ungefähr sagte Hitler kurz vor seinem Selbstmord im Bunker der Reichskanzlei, er hätte alle Dolmetscher und Übersetzer erschießen lassen sollen, weil jeder, der mehr als nur seine Muttersprache spreche, ein Volksverräter sei. Dieses paranoide Programm hat Stalin in den Säuberungen der dreißiger und antisemitischen Kampagnen der späten vierziger Jahre in die Tat umgesetzt: Wer Deutsch sprach, war ein Nazi-Spion, wer Japan besucht hatte, ein Agent des japanischen Imperialismus etc. Ganz zu schweigen von Maos gelehrigem Schüler Pol Pot, der jeden, der Englisch oder Französisch sprach, auf den Killing Fields der Roten Khmer abkehlen ließ – nur Führungskader wie Pol Pot alias

Saloth Sar, der in Paris studiert hatte und für Verlaine schwärmte, fielen nicht unter das Verdikt.

4

Wer bin ich, woher komme ich, wohin gehe ich? Die letzte dieser drei Fragen wird mir am häufigsten gestellt, obwohl oder weil sie unbeantwortbar ist. Über die Zukunft kann ich keine gesicherten Aussagen machen: Ich weiß nur, dass ich eines nicht allzu fernen Tages sterben muss, aber selbst das ist eine Annahme, die schwer zu verifizieren ist. »Wovon man nicht sprechen kann, darüber muss man schweigen«, schreibt Wittgenstein, aber niemand hält sich an seinen Rat, denn die gängigste Frage, die man mir nach der Rückkehr aus einem Kriegs- oder Krisengebiet stellte, lautete nicht: »Wie war's in Haiti? Wie war's in Ruanda? Wie war's in Tschetschenien?« Sondern: »Wie geht's weiter mit Haiti, Ruanda oder Tschetschenien? Was wird die Zukunft bringen? Ist eine Lösung der Probleme in Sicht?«

Ich bin kein Prophet, und obwohl ich mir einbilde, Haiti besser zu kennen als Deutschland, kann ich die Zukunft nicht voraussagen, weil ich mehr als genug damit zu tun habe, die Gegenwart und Vergangenheit zu verstehen. Es ist wie mit den Träumen, die angeblich auf Zukünftiges weisen: ein Aberglaube, der überall auf der Welt existiert, obwohl nicht nur Freud uns lehrt, Träume anders zu deuten – als »unaufgelösten Tagesrest«, wie der Fachausdruck heißt.

Was hat das alles mit Literatur zu tun? Sehr viel, weil Kunst und Literatur Seismographen sind, die Risse im Fundament registrieren und künftige Beben vorausahnen – man denke nur an die Vorwegnahme des totalitären Staats bei Huxley und Orwell. Die Zukunft hat schon begonnen, denn was einst Nationalliteratur hieß, wird von den Rändern her zersetzt durch Phänomene, die bisher als peripher oder marginal galten: türkisch-deutsche Literatur, feministische Literatur, schwule Literatur u. a. m. Jede dieser Literaturen bringt Kultautoren und Bestseller hervor und zerfällt in weitere Untergruppen: Von der Arbeiter- und Angestelltenliteratur der siebziger Jahre, anknüpfend an Vorbilder aus der Weimarer Republik, führt *kein* direkter Weg zur Kanak-Sprak oder Lesbenliteratur. Das Problem ist, dass der Mainstream solche Entwicklungen nicht zur Kenntnis nimmt und so tut, als ginge türkisch-deutsche Literatur nur Türken und Schwulenromane nur Schwule etwas an. In Wahrheit wendet Literatur, die diesen Namen verdient, sich nicht an bestimmte Zielgruppen, sondern an alle Leser guten Willens, die bereit sind, ihre Botschaft zu hören: so wie multiple Identitäten nicht das Schicksal einer Minderheit, sondern unser aller Schicksal sind. Niemand ist ausschließlich Türke oder Deutscher, Christ, Jude oder Muslim. Ob wir es wahrhaben wollen oder nicht: Wir alle haben Patchwork-Identitäten, die es uns erlauben, über politische und soziale, religiöse und kulturelle Grenzen hinweg miteinander zu kommunizieren.

DELIUS UND ICH
Eine Richtigstellung

PALÄONTOLOGIE

Die Walfischin, wie sie arglos
Ihr Junges säugt, weiß nicht,
dass sie mitschuldig ist an der Harpune.
Die Saurier mussten untergehn,
weil sie zu kleine Köpfe hatten –
Hamlets Kopf war zu schwer.

An meinem Lächeln
ist der Zwischenkiefer beteiligt
(Goethe entdeckte ihn).
Ich weiß: wenn die Brötchen versteinern,
ist es Zeit für mich
hinzugehn, wo die Elefanten sterben.

Mein Museum baue ich mir selbst.

1

Dieses Gedicht stammt aus dem ersten Lyrikband von
F. C. Delius, der erst später seinen Namen voll aus-
schrieb, und es war sein erstes selbstständiges Buch,

im Herbst 1965 gedruckt als Quartheft Nummer 7 des neu gegründeten Klaus Wagenbach Verlags. Die Verse sind ganz und gar untypisch für den Zweiundzwanzigjährigen, dessen Markenzeichen sarkastische Knappheit war, gepaart mit polemischer Schärfe wie in der Realsatire *Wir Unternehmer* oder der fiktiven Festschrift *Unsere Siemens-Welt*, beide bei Wagenbach erschienen als Beispiele sogenannter Dokumentarliteratur, die der Wirklichkeit mit den Folterwerkzeugen der Politik zu Leibe rückte.

Ganz anders das vorliegende Gedicht, das nicht von einem revolutionären Feuerkopf, sondern von einem abgeklärten Verfasser zu stammen scheint, der keine Illusionen mehr hegt und entweder altersmilde oder altklug ist. Statt sich der Gegenwart zuzuwenden oder der Aufarbeitung der NS-Vergangenheit zu verschreiben, wie dies eine Plejade junger Autoren tat, formuliert er schon im Titel seine Absage an die Zeitläufte und den Einstieg in die Prähistorie, die nicht in Jahrhunderten, sondern in Jahrmillionen berechnet und am Zerfall von Atomen gemessen wird. Aber der Eindruck der Zeitlosigkeit täuscht, denn trotz der astronomischen Distanz, aus der das lyrische Ich auf die Erde herabblickt, ist der Text gespickt mit Anspielungen, die irdischen Ursprungs sind: von Shakespeares Hamlet über das *Os intermaxillare*, den von Goethe entdeckten Zwischenkieferknochen, bis zu Ludwig Uhlands populärem Vers: »Viel Steine gab's und wenig Brot.« Schon mit zweiundzwanzig war Delius hochgelehrt, und das ist nur scheinbar ein Widerspruch, denn Bildungsbeflissenheit und Melancholie vertragen sich gut. Man denke nur an Goethes *Werther,* dessen pubertärer Weltschmerz ein eigenes Genre begründet hat: von Hesses *Steppenwolf* über Salingers *Fänger im Roggen* bis zu Plenzdorfs *Die neuen Leiden des jungen W.* Hier aber ist nicht von unglücklicher Liebe die Rede, sondern von Vergänglichkeit und – passend dazu – vom Nachruhm, den der Dichter selbstbewusst für sich proklamiert: »Mein Museum baue ich mir selbst« – eine Anspielung auf Horaz, der seine Verse für dauerhafter hielt als Erz – nicht zu Unrecht, wie wir heute wissen. Aber was hat all das mit dem Aussterben der Saurier zu tun, und warum soll der Wal mitschuldig sein an der Harpune? Zunächst einmal fällt auf, dass von einer »Walfischin« die Rede ist, eine Wortschöpfung des Autors, die nicht nur der Verfremdung dient, sondern auch den Rhythmus des prosaisch anmutenden Texts akzentuiert. Die Walfischmutter, die ihr Junges säugt, steht stellvertretend für die Gattung der Säugetiere, zu denen auch der Mensch gehört, ein entfernter Verwandter der Wale, denen er, wie Kapitän Ahab in Melvilles *Moby Dick,* so lange nachstellt, bis er sie restlos ausgerottet hat. »Vieles Furchtbare gibt's / doch das Furchtbarste ist der Mensch«, heißt es im Prolog zu Sophokles' Antigone, ein Diktum von zeitloser Aktualität, das dem Gedicht als Motto voranstehen könnte.

Damals deutete noch nichts darauf hin, dass F. C. Delius 2011 den Büchner-Preis erhalten würde. Heute aber ist es an der Zeit, ein schlecht gehütetes Geheimnis zu lüften: Die im Schlussteil seines Buchs enthaltenen Verse mit dem Titel *Paläontologie* stammen nicht von Delius, sondern – doch statt vom Ende her, möchte ich die Geschichte von Anfang an erzählen. In der von Klaus Wagenbach herausgegebenen Lyrikanthologie *Das Atelier* hatte F. C. Delius erste Talentproben veröffentlicht und kam im Herbst 1963 nach Westberlin, wo wir gemeinsam im Studentenheim Sigmunds Hof Texte vorlasen – dort habe ich ihn kennengelernt. Berlin war trotz oder wegen des Mauerbaus die Hauptstadt der deutschen Literatur, Uwe Johnson, Johannes Bobrowski und Günter Grass lebten hier, und der Westteil der Stadt bot eine legale Möglichkeit, die Bundeswehr zu umgehen und ohne Polizeistunde Bier zu trinken. Walter Höllerer hatte mich von der Gruppe 47 zum Literarischen Colloquium gelotst, und zusammen mit Delius studierte ich an der Freien Universität. Doch statt Gotisch und Althochdeutsch zu pauken, schrieben wir Gedichte, zu denen jeder von uns eine Zeile beisteuerte – auch Klaus Stiller war mit von der Partie. »Wirf das Besteck aus dem Fenster« lautete eine der Vorgaben, mit der Schlusszeile: »Nie waren Duelle beredt.« In der bei Delius gedruckten Fassung heißt das Gedicht *Mahlzeit* und beginnt mit dem Aufruf: »Wirf das Besteck aus der Hand«, endend mit dem

Vers »Niemals war Verzicht beredt«. Vielleicht erklärt das, warum Delius mir als Widmung »Lass das Besteck in der Hand!« in sein Erstlingswerk schrieb. In spätere Bücher baute er Zitate von Nicolas Born ein: poetisches Pingpong, das Born mit Schmetterbällen beantwortete. Ein Dichter zog vor dem anderen den Hut, und das Ganze war keineswegs neu – man denke nur an Brechts »Laxheit in Fragen geistigen Eigentums«.

Das Gedicht *Paläontologie* aber war kein *cadavre exquis*, wie die Surrealisten solche Stilexerzitien nannten, sondern stammt voll und ganz von mir. Deshalb verzichte ich darauf, den Text zu interpretieren. »Diese Verse sind ganz und gar untypisch für F. C. Delius«, schrieb ich in der *Frankfurter Anthologie*. Marcel Reich-Ranicki, dem ich den Sachverhalt beichtete, lachte darüber und gab, ohne mit der Wimper zu zucken, den Text in Druck mit der Bemerkung, juristisch sei der Fall klar: »Wo Delius draufsteht, ist auch Delius drin!«

Löwe, Ochs und Esel
Sechs Thesen zum Romanschreiben

I. *These: Wer einen Roman schreibt, fängt bei null an.* Der Verfasser sitzt mit dem Rücken zur Wand oder zum Bücherregal, und was vor ihm liegt, ist ein unbeschriebenes Blatt, ein weißer Fleck auf der Landkarte, ein unbekannter Kontinent, den noch kein Fuß betreten hat: eine Geschichte, sei sie nun politisch oder privat, öffentlich oder intim, erfunden oder selbsterlebt, die nur er (oder sie) erzählen kann und für die das richtige Wort, die dem Stoff angemessene Form, der zum Thema passende Stil erst gefunden, nein *neu erfunden* werden muss. Die Kenntnis der kulturellen Tradition hilft nicht weiter: Angelesenes Wissen hemmt die Spontaneität und lähmt die literarische Phantasie, den kreativen Impuls, der unverzichtbar ist, um etwas zu erzählen, das *so* noch nicht erzählt worden ist – jedenfalls bildet der Autor/die Autorin sich das ein. In Wahrheit gibt es nichts Neues unter der Sonne, und eine ernstzunehmende Kunsttheorie besagt, dass die Literatur, von Homer und dem Gilgamesch-Epos bis zu *Hundert Jahre Einsamkeit* in neuer Einkleidung immer dieselben, altbekannten Geschichten erzählt: »Alles schon gewesen«, wie der Rabbi Ben Akiba in dem gleichnamigen Drama von Gutzkow sagt.

II. *Antithese: Es gibt kein voraussetzungsloses Schreiben.* Jeder Roman ist ein Echo früherer Romane, ein Dialog mit Meisterwerken der Vergangenheit, auf die der Verfasser, oft ohne es zu wissen, sich bezieht, indem er sie zitiert, ironisiert oder travestiert. Bekanntlich war der erste Roman der Weltliteratur, *Don Quijote*, eine Persiflage mittelalterlicher Ritterepen, und *Tristram Shandy* von Laurence Sterne eine Parodie biographischer Romane von Fielding und anderen. Karl Mays Abenteuerromane sind Kreuzungen aus Räubergeschichte und Heimatroman: Trivialliteratur, die der Autor in einen imaginären Orient oder ein fiktives Amerika transponiert, wobei er sich aus Reiseberichten und Wildwestromanen von Sealsfield, Gerstäcker und Möllhausen bedient. Old Shatterhand ist die deutsche Antwort auf Lederstrumpf, so wie Winnetou das Pendant zu Coopers edlem Wilden Chingachgook oder Sigismund Rüstig der deutsche Robinson ist. Brechts *Dreigroschenoper* – um ein anderes Beispiel zu nennen – ist eine Travestie der Oper, aber auch des Kriminalromans, angereichert mit Sozialsatire und Elendsschilderungen à la Charles Dickens: Nicht Mackie Messer – die kapitalistische Gesellschaft sitzt auf der Anklagebank. Und die Vertonung von Kurt Weill verbindet Anleihen beim Jazz der zwanziger Jahre mit satirisch verfremdeter Marschmusik.

III. *Die Literatur ist tot – es lebe die Literatur.* Als Hans Magnus Enzensberger 1968 im *Kursbuch* den Tod der Literatur verkündete, meinte er damit die bürgerliche, genauer die spätbürgerliche Literatur, die schon x-mal für tot erklärt worden war: von den »proletarisch-revolutionären« Schriftstellern der Weimarer Republik wie von den Kahlschlagsautoren der Gruppe 47, die nichts zu tun haben wollten mit Emigranten wie Thomas Mann oder Alfred Döblin – Paul Celan und Albert Vigoleis Thelen waren ihnen zu artifiziell und anspruchsvoll. Ich könnte auch die Frühromantiker nennen oder das Junge Deutschland, ganz zu schweigen von Expressionisten, Dadaisten und Futuristen, deren *Ohrfeige wider den öffentlichen Geschmack* bis heute nachhallt: »Puschkin, Dostojewski und Tolstoi vom Dampfer der Gegenwart werfen ... Auf der Scholle des Wortes WIR in einem Meer von Pfiffen und Entrüstung stehen«, etc. Dass das futuristische Manifest aus dem Jahr 1912 stammt, lange vor der Februar- und der Oktoberrevolution, sei nur am Rande vermerkt.

Dagegen richtete sich Enzensbergers Rundumschlag von 1968 gegen den *nouveau roman* und die Konkrete Poesie, deren Sprachspielereien damals als Nonplusultra ästhetisch progressiver Literatur galten, Avantgarde aus zweiter und dritter Hand. Der Innovationsschub des Surrealismus wurde in Nachkriegsdeutschland erst mit Verspätung aufgegriffen, aber kaum weiterentwickelt, und geriet nach 1968 unter Ideologieverdacht. Nicht Kafka oder Beckett – Günter Wallraff und Erika Runge waren jetzt angesagt: Schluss mit feinsinnigen Experimenten, her mit der ungefilterten Wirklichkeit. An die Stelle des Formalismus trat der Inhaltismus: Sozialreportagen, politische Protokolle und Agitpropverse, roh und zäh wie blutige Steaks vom Holzkohlengrill. Dass Auswahl und Anordnung des vorgefundenen Materials Eingriffe in die Realität und literarische Gestaltung voraussetzten, kam den Verfassern der Dokumentarliteratur nicht in den Sinn, so wenig wie die Tatsache, dass sie Denkansätze der zwanziger/dreißiger Jahre fortschrieben – Stichwort Faktenliteratur oder Neue Sachlichkeit. Erst Mitte der achtziger Jahre versetzte der Kritiker Uwe Wittstock der Experimentierlust den Todesstoß, indem er die Fixierung auf die Avantgarde als anachronistisch und obsolet entlarvte. Darin stimmte ich ihm zu, nicht aber in der Konsequenz, »realistische« Erzählmodelle zu propagieren und formale Neuerungen für überholt zu erklären. Das Werk von Wolfgang Hilbig zum Beispiel, bis heute unübertroffen in seiner Eindringlichkeit, ist undenkbar ohne Thomas Bernhard als Vorbild, der mit allen Wassern der Moderne gewaschen war.

IV. *Wer Bob Dylan für nobelpreiswürdig hält, hat Proust und Joyce nicht gelesen* – ganz zu schweigen von Kafka. Von hier aus führt kein Weg zurück zur vermeintlichen Ungebrochenheit des 19. Jahrhunderts, als die Darstellung einer »breiten Welt« aus der Sicht allwissender Erzähler noch möglich war. Umgekehrt wird ein Schuh daraus: Chamissos *Peter Schlemihl*, Gogols *Nase* und Melvilles *Bartleby* nehmen die Erzählungen und Romane Kafkas vorweg, obwohl es sich um romantische Novellen handelte, die aufbegehrten gegen ästhetische Konventionen *ihrer* Zeit. Der Verlust der Zentralperspektive ist älter als Hofmannsthals *Brief an Lord Chandos*, und die *Blechtrommel* von Günter Grass knüpft nicht an die *Buddenbrooks* an, sondern an Grimmelshausens *Simplicissimus*, wie überhaupt die literarische Erbfolge nicht vom Vater auf den Sohn, sondern vom Großvater auf den Enkel oder vom Onkel auf den Neffen übergeht. Die Literaturgeschichte ist ein weites Feld, und grobe Raster wie Antike und Moderne, Klassik und Romantik, Realismus und Formalismus sind ungeeignet zum Erfassen von Nuancen und Details, die keine Nebensachen, sondern die Hauptsache sind. Ich gehe einen Schritt weiter und behaupte, dass die Einteilung in Haupt- und Nebenhandlung, Haupt- oder Nebenfiguren den Romanen von Stendhal und Flaubert, Proust und Joyce nicht gerecht wird, wo beides gleichberechtigt nebeneinandersteht.

V. *Wenn einer eine Reise tut, hat er was zu erzählen.* Die Fortbewegung durch den Raum, die immer auch eine Zeitreise war, ist eine Urzelle epischen Erzählens. Von Odysseus und Sindbad über Robinson Crusoe bis zu Gulliver und Candide setzte nicht so sehr die exotische Ferne, als vielmehr die Rückkehr nach Hause die literarische Phantasie in Gang: Die eigene Kultur wird mit fremdem Blick gesehen. Das gilt für Montesquieus *Persische Briefe* wie für Goethes Italienreise oder Rolf Dieter Brinkmanns *Rom, Blicke*, und es ist kein Zufall, dass die Öffnung der Romanform für neue Inhalte einhergeht mit dem Niederreißen der Grenzen zwischen dem Ich und den »Anderen«: Der Roman wird zur ethno-

logischen Feldforschung (Hubert Fichte, Michael Roes),
während der wissenschaftliche Diskurs sich autobio-
graphischem Erzählen nähert (Claude Lévi-Strauss).
Damit bin ich bei postkolonialen Schreibweisen angelangt, die nicht gleichzusetzen sind mit ästhetischer
Beliebigkeit oder modischen Varianten des Exotismus
und Orientalismus. Wir leben in *einer* Welt, und der kapitalistische Weltmarkt hat nicht nur Welthandel und
Weltverkehr hervorgebracht, sondern auch die schon
von Goethe prophezeite Weltliteratur: »Die nationale
Einseitigkeit und Beschränktheit wird mehr und mehr
unmöglich, und aus den vielen nationalen und loka-
len Literaturen bildet sich eine Weltliteratur«, schrieben Marx und Engels im *Kommunistischen Manifest* von
1848. Die langfristigen Auswirkungen dieses Prozesses
kommen erst jetzt zum Tragen und sind inzwischen
unübersehbar geworden: Ein neuer Typus »hybrider«
Autoren drängt auf die Bühne des Literaturbetriebs,
und der deutsch schreibende Mongole oder die in
Hamburg ansässige Japanerin sind keine Treppenwitze
der Geschichte mehr – so wenig wie der in Kapstadt
lebende Nuruddin Farah aus Somalia, der den Koran
auswendig kann, Italienisch spricht und seine Bücher
in Englisch schreibt: Traumpfade postkolonialer Literatur, die wie ein Bewegungsmelder funktioniert, zu-
verlässiger als jedes GPS-System. Auf den Radius des
Reisens, auf Nähe oder Ferne kommt es dabei nicht
an: Zwischen Xavier de Maistres *Voyage autour de ma
chambre* und den Weltreisen von Chamisso und Darwin besteht kein struktureller Unterschied.

VI. *Ist Schreiben Kompensation eines Mangels,* Ausdruck von Leiden oder Schmerz, oder erwächst es, wie alles künstlerische Schaffen, aus einem Überschuss an Kraft? Beides zugleich ist der Fall, so absurd das klingt, denn eine Sache und ihr Gegenteil schließen einander nicht aus. Kategorien wie Lüge und Wahrheit helfen hier nicht weiter, so wenig wie Theodor W. Adornos These, es gebe kein richtiges Leben im falschen. »Ich halte den Roman für den Aufbewahrungsort des Falschen«, schrieb Wolfgang Herrndorf im Blog zu seinem Roman *Sand*: »Richtige Theorien gehören in die Wissenschaft, im Roman ist Wahrheit lächerlich.« Dagegen setzte der amerikanische Dichter Wallace Stevens die Behauptung, wer schreibt, müsse etwas Großes auf dem Herzen haben, »einen Löwen in der Brust / einen Ochsen / ihn dort atmen zu fühlen ...«

Der Löwe, der dem heiligen Hieronymus bei der Bibelübersetzung half, war das Symbol des Evangelisten Markus und zugleich Wappentier von Venedig. Der Löwe am Markusdom, ein aufgeschlagenes Buch zwischen den Tatzen, ziert den Umschlag von Joseph Brodskys Gedichten, und Sibylle Lewitscharoff hat in ihrem Roman über den Philosophen Blumenberg den lesenden Löwen wieder zu Ehren gebracht. Der Ochse hingegen taugt nicht als Totemtier der Literatur, obwohl er bei der Geburt Christi Pate stand. »Den Sozialismus in seinem Lauf / halten weder Ochs noch Esel auf«, reimte Erich Honecker – ein frommer Wunsch, der nicht in Erfüllung ging. Vielleicht ist der Esel der Wappenkönig der Literatur, denn wie er nach der am

Stock wippenden Karotte lechzt, jagen die Autoren dem Ruhm nach, der zu früh, zu spät oder nie kommt: *Warten auf Godot*, wenn man so will.

Die Forelle

Danksagung für einen Literaturpreis

> Ihr, die ihr noch am Quelle
> Der sichern Jugend weilt,
> Denkt doch an die Forelle;
> Seht ihr Gefahr, so eilt!
> *Christian Friedrich Daniel Schubart*

Es muss Ende der fünfziger Jahre gewesen sein, ich war fünfzehn oder sechzehn, las Hemingway im Original und wollte Schriftsteller werden. Von meinem ersten selbstverdienten Geld kaufte ich mir eine Meerschaumpfeife, weil die Autoren, deren Fotos bei Bouvier im Schaufenster hingen, Pfeife rauchten, dazu das im Magazin *Twen* empfohlene Buch *Die Kunst, Pfeife zu rauchen* und Tabak der Marke Erinmore. In Hemingways Short Storys, die ich begeistert verschlang, war von Krieg, Hochseeangeln und Großwildjagd die Rede, aber der letzte Krieg war noch nicht lange genug her, um Sehnsucht nach einem neuen zu wecken; in der Umgebung von Bonn gab es keine Nashörner und im Rhein weder Schwertfische noch Barrakudas – nur ein Wal tauchte einmal dort auf. Ich besorgte mir eine Angelrute mit Blinker und fuhr mit dem Fahrrad zu einem Flüsschen in der Eifel, in dem es angeblich von Forellen wimmelte. Da ich Campingplätze verachtete, kampierte ich auf einer Kuhweide, und weil es meist regnete, lag ich Pfeife rauchend im Zelt und las Kurzgeschichten von Hemingway, in denen von kristallklaren Bächen und armdicken Forellen die Rede war – typisches Anglerlatein.

Als der Regen nachließ, ging ich zum Flussufer und warf den Blinker aus. Doch die Angelschnur verhakte sich an einem Stein und ich musste ins Wasser waten, beäugt von einer Regenbogenforelle, die schräg in der Strömung stand und mich neugierig musterte, ohne Scheu, aber auch ohne Furcht. Beim zweiten Mal hatte ich mehr Glück, die Angelschnur beschrieb den von Hemingway geschilderten Bogen in der Luft, untrügliches Zeichen eines guten Wurfs, doch der Radius war zu groß, und der Blinker verheddderte sich in einem überhängenden Ast. Ich kletterte auf den am Ufer stehenden Baum und verlor meine Pfeife, die glucksend ins Wasser fiel und flussabwärts trieb, bis sie, eine Rauchwolke ausstoßend, versank. Statt die Flucht zu ergreifen, blieb die Forelle, wo sie war – den Ausdruck von Schadenfreude in ihren Augen vergesse ich nie. Um mich zu rächen, kaufte ich im Supermarkt zwei tiefgekühlte Forellen, die ich meiner Mutter mit Angelhaken im Maul übergab. So festigte ich meinen Ruf als Forellenfänger, obwohl ich auf diesem Gebiet ebenso gescheitert war wie als Pfeifenraucher und Literat.

Sieben Jahre später erschien mein erstes Buch bei Suhrkamp, der Erzählband *Unerhörte Begebenheiten*, in dessen Titelgeschichte die Armee des Generals Pontoppidan im Sumpf versinkt, ohne Feindeinwirkung und ohne Krieg. Nachdem der Sumpf das Heer mit Mann und Maus verschlungen hat, taucht eine Meerschaumpfeife aus dem Boden auf, die, wie der Erzähler behauptet, noch geraucht haben soll.

Das ist über fünfzig Jahre her, und seitdem habe ich an die fünfzig Bücher publiziert, Romane, Erzählungen, Essays und Reportagen. Aber fragen Sie mich nicht, wie und warum. Nur eines weiß ich mit Bestimmtheit: Dass die deutsche Literaturkritik meine Arbeit nicht gefördert hat, im Gegenteil – sie ließ nichts unversucht, um mir das Weiterschreiben zu verleiden und mich vom Kurs abzubringen. Man könnte von Mobbing sprechen, ein damals noch unbekanntes Wort, das allzu schrill und bösartig klingt, weil es immer auch Gegenstimmen gab. Doch selbst positive Rezensionen sind oft nicht imstande, das Anliegen oder den Inhalt eines Buches adäquat wiederzugeben, und verstoßen damit gegen die von Herder aufgestellte Grundregel der Kritik:

»Arbeiten des Fleißes wollen eine treue Bestimmung dessen, was der Fleißige geleistet; ihre Rezension setzt eine genaue Kenntnis dessen voraus, was vor ihm geleistet worden. Wer diese Kenntnis nicht hat, oder die fleißige Arbeit genau durchzugehen nicht Zeit, nicht Lust hat, ist kein Rezensent.«

Die Literaturkritik wollte mich immer anders haben, als ich bin. Ihr Unverständnis raschelt von 1966 bis heute durch den Blätterwald und schreibt sich ganz von allein fort. Selbst Goethe, den wir uns zu Unrecht als vom Erfolg verwöhnt vorstellen, hat diese Erfahrung gemacht und im *West-östlichen Divan* benannt:

Mich nach- und umzubilden, mißzubilden
Versuchen sie seit vollen fünfzig Jahren
Ich dächte doch, da konntest du erfahren,
Was an dir sei in Vaterlandsgefilden.

Hierfür ein paar Beispiele: 1966, bei Erscheinen der *Unerhörten Begebenheiten*, bemängelte die Kritik mein fehlendes Engagement, und als ich mich unter dem Einfluss der Studentenrevolte von 1968 der Politik zuwandte, drehte sie den Spieß um: Früher habe H. C. Buch schöne Geschichten erzählt, hieß es, jetzt nerve er die Leser mit marxistischer Theorie. Dass ich der Belletristik entsagte, hatte einen tieferen Grund: Ich war Student an der Freien Universität, und das Germanistikstudium, verschärft durch die Kunstfeindlichkeit der Neuen Linken, hatte mir den Spaß am Erzählen vergällt. Trotzdem habe ich den Ausflug in die Literaturtheorie nicht bereut: Ich studierte bei Peter Szondi, las Hegel und Lukács, lauschte Adorno und Marcuse, und die vertiefte Aneignung der Materie machte mich immun gegen den Vulgärmarxismus, der sich wie ein Grippevirus rasend schnell verbreitete. Im Rückblick scheint mir, ich hätte ebenso gut Kirchengeschichte studieren können, um zu lernen, wie Dogmen sich vervielfältigen und irgendwann umschlagen in ihr diametrales Gegenteil – Dialektik nannten wir das.
In den siebziger Jahren plädierte ich für die sogenannte neue Sensibilität, eine Verbindung historisch-politischer Kompetenz mit subjektiver Wahrnehmung, die Wünsche und Ängste der Individuen, einschließlich des ero-

tischen Begehrens, nicht ausblendet, sondern sichtbar macht – ein Programm, das ich vorerst nur theoretisch einfordern, aber nicht literarisch umsetzen konnte. Bisher war H. C. Buch ein Aufklärer, so lautete jetzt der unisono angestimmte Refrain, nun wechselt er mit fliegenden Fahnen über ins Lager der Reaktion. Dass das nicht stimmt, sieht man allein schon daran, dass der Philosoph Herbert Marcuse, ein Vordenker der Studentenrevolte, mich als Gastdozent nach Kalifornien einlud.

Mitte der achtziger Jahre verließ ich meinen Schreibtisch, um Erfahrungen zu machen, die man in den eigenen vier Wänden nicht machen kann, sondern nur, indem man sich aus dem Arbeitszimmer entfernt. 1986 war ich in Haiti beim Sturz des Diktators Jean-Claude Duvalier, genannt Baby Doc. Ich fuhr mit dem Mietauto quer durchs Land, vorbei an brennenden Barrikaden und singenden, tanzenden Menschen, die Lynchjustiz übten an den verhassten Tonton Macoutes, und schrieb meine erste Reportage, die in der *Süddeutschen Zeitung* erschien. Im November 1987 erlebte ich die Rache der Tonton Macoutes, die sich jetzt Attachés nannten und Haitis erste freie Wahlen nach dem Ende der Diktatur sabotierten, nicht durch Manipulation des Wahlergebnisses, sondern indem sie die Wähler massakrierten. Ich stand in einem Schulhof, umgeben von Toten und Sterbenden, und nur meiner Hautfarbe verdanke ich es, dass ich noch am Leben bin – ein Kameramann aus der Dominikanischen Republik wurde in meinem Beisein erschossen. Später erlebte ich Aufstieg und Fall des

Priester-Präsidenten Aristide, der sich als Scharlatan erwies, und nach dem Motto, dass, wer sich in Haiti zurechtfindet, auch in Afrika klarkommt, schickte eine Hamburger Wochenzeitung mich nach Liberia. Dort tobte seit Jahren ein Bürgerkrieg, der schwer zu verstehen und noch schwerer zu erklären war, weil nicht nur zwei, sondern Dutzende ethnischer Milizen sich in wechselnden Allianzen bekämpften. Später, in Ruanda, erlebte ich ein Massaker in einem Flüchtlingslager mit Tausenden Toten, vergleichbar dem Massenmord von Srebrenica, und im gleichen Jahr, 1995, besuchte ich Bosnien und Tschetschenien, gefolgt von Algerien, Sierra Leone, Südsudan, Osttimor und Kambodscha. Ich weiß nicht, welcher Teufel mich antrieb, entlegene Kriegsschauplätze aufzusuchen, die in den Medien nicht oder nur am Rande vorkamen. Vielleicht eine unbewusste Erinnerung an den Zweiten Weltkrieg, in dem ich geboren bin?

Das Erschreckende war, wie schnell man sich an Extremsituationen gewöhnt und innerlich wie äußerlich verroht. Als ich mich dabei ertappte, dass ich enttäuscht war, wenn *kein* Blut floss, beschloss ich, an den Schreibtisch zurückzukehren, doch das war leichter gesagt als getan, weil die Gewalt einen Sog erzeugt, der sich zur Sucht verfestigt. Erst als ich im Kosovokrieg mit viel Glück einer Sprengfalle entging und in Nairobi die US-Botschaft einstürzen sah, in der ich an diesem Morgen verabredet war – ein mit Semtex gefüllter LKW hatte das Gebäude in die Luft gejagt –, hängte ich den Reporter-Job an den Nagel. Unter dem Titel

Blut im Schuh gab ich meine Kriegsberichte gesammelt heraus und schrieb dazu, angespornt von Hans Magnus Enzensberger, einen hundertseitigen Essay. Doch ich musste feststellen, dass die Literaturkritik meine Arbeit nicht zur Kenntnis nahm, obwohl es sich um literarische Experimente handelte, um einen Selbstversuch mit dem Ziel, etwas herauszufinden über den Zustand der Welt, das ich nicht schon vorher gewusst hatte – abgesehen davon, dass die Reportage eine Kunstform ist.

Überflüssig zu sagen, dass ich auf Kopfschütteln stieß, als ich wieder Romane zu schreiben begann: Wäre H. C. Buch doch bei seinem Leisten geblieben, rief jetzt der Kritikerchor, und hätte Reportagen verfasst, statt uns mit Romanen zu behelligen, die nicht in Deutschland, sondern in Afrika oder in Haiti spielen!

Was hat das alles mit Christian Friedrich Daniel Schubart zu tun? Sehr viel, weil Schubart nicht nur den Verkauf zwangsrekrutierter Soldaten nach Nordamerika, sondern auch den Sklavenhandel und das Kolonialsystem kritisierte. Im deutschen Duodezfürstenwesen des 18. Jahrhunderts stand er damit allein. Was mich an Schubart fasziniert, ist das, was Germanisten zur Verzweiflung bringt: Er passt in keine Schublade, denn er war nicht nur ein hochbegabter Dichter und Sänger, Musiker und Komponist, sondern auch ein wortmächtiger Publizist, der politische und soziale Missstände geißelte und sich mit der Kirche genauso anlegte wie mit dem Staat. Schubart nahm kein Blatt vor den Mund und büßte dafür mit Festungshaft auf dem Hohenasperg, nicht weit von Stammheim, wo zweihundert Jahre später der RAF-Prozess stattfand. Anders als Schiller, dessen Idealismus etwas Weltfremdes und Pubertäres hat, war Schubart kein Gutmensch, sondern ein Mensch in seinem Widerspruch, schwankend zwischen Euphorie und Depression, Auflehnung und Anpassung, Revolte und Resignation. Das gilt auch für seinen Stil, der grobe Sinnlichkeit mit erhabenem Pathos mischt – *hybrid* heißt das Modewort dafür. Was mir bei Schubart imponiert, ist, dass er seine Überzeugungen an der Wirklichkeit überprüfte und notfalls änderte: was ihn nicht daran gehindert hat, am Ende seines Lebens die Französische Revolution zu begrüßen als Hervortreten aus selbstverschuldeter Unmündigkeit. Damit war nicht der Terror der Jakobiner gemeint, sondern die Erstürmung der Bastille und die Erklärung der Menschenrechte.

Am Schluss kehre ich noch einmal zum Anfang zurück. Hätte ich damals, Ende der fünfziger Jahre, nicht Hemingway *ad acta* gelegt und Kafka zum Vorbild erkoren, wäre ich vielleicht auf den folgenden Text gestoßen, in dem Hemingway einem angehenden Autor nützliche Ratschläge gibt. Darin benennt er genau das, was ich hier zu artikulieren versuche, vom Unverständnis der Kritik bis zur Einsamkeit des Langstreckenläufers, die in jedem Schriftsteller steckt. »Bereite dich darauf vor, dass deine Arbeit nicht mit Beifall rechnen kann. Kritiker, die sich nicht den Ruhm erwarben, dich entdeckt zu haben, halten sich schadlos, indem sie hinausposaunen, du seist auf dem Weg zu Misserfolg und

Impotenz. Niemand wird dir Glück wünschen und dich ermutigen, weiterzuschreiben – außer du hast einflussreiche Freunde. Doch du kommst auch ohne Beziehungen klar, und irgendwann kramst du dein erstes Buch hervor, schlägst es auf und sagst zu deiner Frau: Ich verstehe nicht, der Text ist gut! Und sie sagt: Das finde ich auch! Oder sie hat dich nicht richtig verstanden und fragt: Was hast du gesagt?«

Rede zur Verleihung des Schubart-Preises der Stadt Aalen, April 2011

DANKSAGUNG

Ich danke der Künstlerin Natascha Ungeheuer für die Reproduktion eines Ausschnitts ihres Gemäldes *Der Turm* auf dem Buchumschlag; Katharina Born für die Abdruckgenehmigung aus dem von ihr edierten Buch *Nicolas Born: Briefe 1959–1979*; und ich danke Bernt Engelmann, damals VS-Vorsitzender, für seinen Ausspruch: Wenn die Berliner so weitermachen, landen sie beim *Tunnel über der Spree*. Unter diesem Motto trafen wir in den achtziger Jahren, lange vor dem Mauerfall, im Literarischen Colloquium aus der DDR ausgebürgerte Autoren, um über Menschenrechtsverletzungen und Zensur zu reden. *Quod erat demonstrandum!*
HCB, Februar 2019

FSC
www.fsc.org
MIX
Papier aus ver-
antwortungsvollen
Quellen
FSC® C014496

© Frankfurter Verlagsanstalt GmbH,
Frankfurt am Main 2019
Alle Rechte vorbehalten
Lektorat © Frankfurter Verlagsanstalt
Umschlaggestaltung: Laura J Gerlach
unter Verwendung eines Motivs von © Natascha Ungeheuer
Herstellung: Laura J Gerlach
Satz: psb, Berlin
Druck und Bindung: GGP Media GmbH, Pößneck
Printed in Germany
ISBN 978-3-627-00262-6